世界に何かが足りない

日本如何转型创新

徐静波讲演录

徐静波 著

中国出版集团公司
华文出版社

图书在版编目（CIP）数据

日本如何转型创新：徐静波讲演录 / 徐静波著 . -- 北京：华文出版社 ,2020.1（2020.4 重印）
 ISBN 978-7-5075-5237-9

Ⅰ . ①日… Ⅱ . ①徐… Ⅲ . ①社会发展－研究－日本 Ⅳ . ① D731.3

中国版本图书馆 CIP 数据核字 (2019) 第 280066 号

日本如何转型创新——徐静波讲演录

著 者：	徐静波
责任编辑：	潘　婕
出版发行：	华文出版社
社　　址：	北京市西城区广外大街 305 号 8 区 2 号楼
邮政编码：	100055
网　　址：	http://www.hwcbs.com.cn
电　　话：	总 编 室 010-58336239
	发 行 部 010-58336238
	责任编辑 010-63429159
经　　销：	新华书店
印　　刷：	三河市航远印刷有限公司
开　　本：	889mm×1194mm 1/32
印　　张：	8.5
字　　数：	150 千字
版　　次：	2020 年 1 月第 1 版
印　　次：	2020 年 4 月第 2 次印刷
标准书号：	ISBN978-7-5075-5237-9
定　　价：	59.80 元

版权所有，侵权必究

自 序

在 2019 年即将过去的前夕，世界著名的中国与亚洲问题研究专家傅高义先生访问日本，我去拜访了他。

傅高义先生是美国哈佛大学的终身教授，已经 89 岁。老先生从 20 世纪 60 年代开始来到中国，研究中国社会和中国历史，写过《邓小平时代》。他研究日本，写过《日本第一》。傅高义先生是哈佛东亚研究中心的第二任主任，会讲很棒的中文与日文，被公认为"世界第一号"的汉学家和中日问题专家。

最近，他又写了一本新书，叫《中国和日本：1500 年的交流史》。一位自认是中日两国共同朋友的美国人，痛心于两国之间不断激化的矛盾，希望能化解彼此的误会与敌意，用新的、建设性的视角看待中日之间的历史。为此，他花了七年时间，参考了无数资料，完成了这本 600 多页的巨著。

我对傅高义先生的访谈，是从他的这本新书开始的。

傅高义先生认为，中日关系，首先是相互学习取长补短的关系,其次是力量博弈的关系。

中日关系变化的第一波,是六七世纪日本向中国派遣遣隋使和遣唐使。那个时候,中国是世界上最强盛、最发达的国家,长安是世界上最大的城市。日本为了向中国学习,派遣了许多使者和留学生前往中国,不少留学生长时间逗留中国,学会了中文、学会了中国的政治与社会制度,也学会了城市规划。所以,日本开始有了文字,开始建设历史上第一座都城奈良。所以,中国是日本的文化之母。从那个时候开始,中国一直在日本之上,日本对中国文化表现出无限的敬仰,对中国采取了朝贡的政策。

但是到了晚清时期,中日甲午战争爆发,明治维新之后强大起来的日本海军几乎全灭了中国北洋水师,随后签订的《马关条约》,使得堂堂大清帝国被迫向日本赔款割地,中日关系发生了历史性颠覆,长达千年之久的"中国为上,日本为下"的格局出现了颠倒——日本占据在中国上峰。这是中日关系变化的第二波。

但是,傅高义先生发现了一个很有趣的现象,即使中国蒙受了丧权辱国的耻辱,但是居然向日本派遣了大批官费和自费的留学生到日本留学。也就是说,晚清时期,中国掀起了一股向日本学习热。从孙中山开始,李大钊、周恩来、康有为、梁启超、蔡锷、蒋介石、秋瑾、鲁迅、郁达夫、徐志摩等中国近代史上赫赫有名的人物，几乎都留学日本，总数达到数万人。中国近代的教育制度以及纺织等产业，基本上就是拷贝（copy）了日本的。第一本中文版的《共产党宣言》，也是曾经留学早稻田大学的陈望道先生从日文版的《共产党宣言》翻译过来的。近代大量日本造的汉语词汇被传到中国，丰富了现代汉语的宝库。

这是中国第一个向日本学习时期。

中国第二个向日本学习时期，是在20世纪80年代前后的改革开放时期。"文化大革命"结束后，中国该如何重建经济与社会秩序？1978年，邓小平访问了日本。

傅高义先生说，在中国与日本2200年的交往历史中，邓小平是第一个踏上日本国土的中国领导人，也是第一个拜会日本天皇的人。邓小平说，尽管有20世纪那段不幸的历史，但是两国有过两千年的友好交往，他愿意向前看，使两国走向世代友好的未来。邓小平的话，让日本人大受感动，他们知道日本的侵略给中国造成了多大的灾难，他们发誓决不再让这样的悲剧重演。因此日本上下也非常想表达他们的歉意，伸出友谊之手。

邓小平在福田赳夫首相举行的欢迎宴会上说了

一句话，这次访问日本的其中一个目的，是像徐福一样来寻找"仙草"。邓小平所说的"仙草"，就是日本实现现代化的秘密。

邓小平访日时，日本几乎家家都有了电视机。他搭乘了从东京驶往京都的新干线列车，感受了现代化列车的快速。他在松下电器参观时，看到了彩色电视机，还看到了传真机和微波设备。在日产汽车公司参观时，第一次看到了机器人。邓小平听到工厂介绍说，一个工人一年平均可以生产94辆汽车时，说了一句话："这要比我们长春汽车厂多出93辆，我懂得什么是现代化了。"

回国之后，邓小平就主持召开了中共十一届三中全会，宣布中国实施改革开放！日本也开始向中国提供政府开发援助（ODA）资金，中国开始了新一波学习日本热。

傅高义先生认为，中日关系发生第三波变化，是在2008年前后。这个时刻，一方面是中国经过30年的发展，国家综合实力与经济实力发生了翻天覆地的变化，尤其是北京奥运会与上海世博会的相继举行，使得中国人的爱国主义热情异常高涨，中华民族又一次屹立东方的意识十分强烈。而在这一时刻，日本社会产生了很强的焦虑感，因为日本的GDP即将被中国超越，明治维新以来的"亚洲第一""世界第二"的宝座即将被中国夺取。特别是2010年,中国GDP总额首超日本,让日本社会产生了极大的失落感。在中国人重新获得"中国在上,日本在下"的快感的时候,日本采取了一个极端的政治行动,就是把钓鱼岛"国有化",于是两国进入了长达8年的对抗对峙局面,甚至面临擦枪走火的局面。

好在经过这几年的对峙,双方逐渐适应,并逐渐平静了下来,关系开始出现改善。而且,因为中国经济出现了滑坡,中国的企业家们开始关注日本当年如何走出泡沫经济崩溃的困境的经验,如何实现企业的转型创新的做法,开始出现了新一波向日本学习的景象。

傅高义先生最后认为,中日关系在两千多年间的"三起三落",根本的问题是,没有处理好如何做"邻居"的关系。因此,他认为,既然中日两国是谁也搬不离的"永远邻居",那么双方就应该学习和研究如何做"好邻居"的方式方法,而不是以自己的"力量"追求"谁上谁下"的从属格局。

我觉得,傅高义先生的一席话,给中日两国构建新关系,提供了一把钥匙。

结束对傅高义先生的访谈,刚好也是这一本新书结稿的时间。回想过去几年,在中日关系最为困难的时候，自己一直通过讲演、电视节目的出演、喜马拉雅"静说日本"节目，也通过微信公众号"静说日本"，呼吁两国冷静面对历史悬案，构建新时代新型关系，获得了不少的掌声，也获得了不少的骂声。好在大家已经多了一份对于国家强大的自信，也多了一份冷静观察日本之心，逐渐地能够客观看待中日两国的关系，能够客观地看待日本这个国家。我想，傅高义先生的愿景，也是我们努力的目标，因为中日两国几千年的交流历史，证实了这么一个真理：和则双赢，斗则两败。

2019年10月1日，我有幸作为"国庆观礼嘉宾"，受邀参加了在天安门广场举行的"中华人民共和国成立70周年大会"和阅兵式。当十几万人一起高唱《义勇军进行曲》的时候，我流下了热泪。我们的祖国，这70年走得曲折多难，却又创造了人类伟大的辉煌！

也许因为我们发展得太快，有一些过程被疏忽，有一些文化被过滤，有一些秩序没能建立，有些困难我们还没经历过，接下来的10年、20年，中国将会进入一个"修补期"，通过对社会与经济、文化的修补，来完善整个国家发展的机制，为实现中华民族的伟大复兴奠定最坚实的基础。而在这个修补过程中，我们需要找到一些可以参考学习的榜样与范例,邻居日本,改革开放比我们早了近100年,社会发展比我们早了几十年,他们的一些经验教训,是值得我们虚心学习的。

中国进入了新时代,日本也从"平成"走进了"令和"时代,摒弃一些旧有的观念,以新时代的新思路来看待中日新关系,两国会找到做"好邻居"的新方式新方法。我们需要以一种真正开放的心态与包容的心理,实现与日本的新融合新合作,助推中国走向成熟发展!

从这个意义上来说,我把这几年关于日本的讲演记录稿整理成书,奉献给大家参考,是有价值的。

感恩华文出版社,为了增进中日两国的相互理解与合作,我们一直携手同行!

徐静波
2020年元旦于东京

目　录

商业 | 革故鼎新

003 | 日本为何电商不火，实体店依然存活
019 | 日本的二维码支付为何落后中国
031 | 柯达死了，富士胶卷为何还能活着
041 | 日本政府如何扶植中小企业转型创新

科技 | 万象更新

053 | 世界还缺少什么
065 | 日本凭什么开启"人活百岁"时代
078 | 日本氢能源到底发展到了什么样的水平
091 | 日本如何强化产学研一体化实现科技创新

城市 | 日新月异

109 | 日本城市建设讲究什么规则
117 | 日本垃圾分类的哪些做法值得中国学习
129 | 日本如何解决养老问题
144 | 东京如何解决城市交通拥堵问题
158 | 东京湾大湾区建设的成功秘诀在哪里

169 | 遭遇台风暴雨袭击，东京为何不会淹

匠人 | 历久弥新

181 | "日本人"到底是一群什么样的人

196 | 什么是日本的"匠人精神"

205 | 日本人到底如何做企业

218 | 日本人如何传承与守护家业

学习 | 推陈出新

235 | 中国企业走出去必须注意的三个问题

248 | 中国企业收购日本企业需要注意什么问题

商业 ｜ 革故鼎新

01 | 日本为何电商不火，实体店依然存活

我采访过日本著名的电器量贩店必酷的社长，他告诉我一个经营实体店的成功秘诀：第一，灯要亮、过道要宽，购物环境必须舒适；第二，所有商品都可以拿可以摸，购物体验要好；第三，厕所要多、要干净，让不想进店的人，也想进厕所。

第一次参加中国（福建）国际智慧商业大会，我有点紧张，因为刚才听了中国商业界3位领袖的发言，我被智慧商业、数字零售的概念搞得有点晕头转向，我感觉自己像是来自非洲，而不是商业发达的日本。抱歉，请允许我首先说出这个感受。

从2018年开始，中国不少零售企业，包括各种商学院的MBA班到日本考察，考察什么呢？考察"新零售"。大家希望我上课，讲解日本"新零售"的

发展经验。于是我跑去东京大学的经济学部，请教一位研究日本商业的教授："什么是'新零售'？"他听了也是一头雾水。后来我上百度查，发现"新零售"是这样解读的：企业以互联网为依托，通过运用大数据、人工智能等先进技术手段，对商品的生产、流通与销售过程进行升级改造，进而重塑业态结构与生态圈，并对线上服务、线下体验以及现代物流进行深度融合的零售新模式。

那位教授说："日本商业还没有进化到这一步。"

所以，我现在站在这个讲台上，感觉日本零售业的科技创新至少比中国落后了5年，因为日本至今还是以传统的实体店为主。

我今天的讲演，与本次大会所推崇的主题有较大的距离，或者说是背道而驰，我要讲的是：日本的实体店为何还能撑下去？

日本是一个商业相当发达的国家，德勤会计师事务所发布的"2018年全球250家大零售商"排行榜中，亚洲零售企业上榜的有64家，中国（含香港、澳门和台湾）上榜的共有15家，而日本上榜的有32家，占到亚洲地区上榜总数的50%。

日本传统的商业企业——百货公司，大多拥有二三百年的历史。大家去过银座的话，一定到过三越百货公司，它位于银座五丁目的十字路口，创建于1673年，那一年是清朝康熙十二年，距今已经有346年的历史。高岛屋百货公司创建于1829年，也有190年的历史。而日本的超市与购物中心、24小时便利店等业态，都是从20世纪60年代开始发展起来的，比我们中国早了30年。

所以，日本的商业，既有百年老店，也有新近发展起来的新店，业态是相当齐全，经营也是相当老道。

有一句话，我说了，大家不要生气："日本是中国零售业的老师。"1994年，中国第一家中外合资的百货公司上海第一八佰伴在上海浦东开业，是上海第一百货公司与日本八佰伴集团合资。八佰伴集团总裁和田一夫将日本百货公司的经营模式带入了中国，一楼全卖化妆品，而且百货公司里还开餐饮店。这种格局在当时的中国百货行业是没有的，无论是王府井百货公司还是上海第一百货公司，当时的一楼全部是卖衬衫、羊毛衫的，百货公司里根本就不可能有餐饮店。和田一夫改变了中国百货店的格局，让百货店不仅成为一个"买东西"的地方，也成为一个"吃东西"的地方。

在之后，日式超市大荣进入天津。再后来，日式购物中心伊藤洋华堂、佳世客（现改为永旺）进入北京、成都、广州、上海、青岛等城市。再后来，7-11、罗森、全家三大日本便利店进入中国市场。还有各种自动售货机也出现在中国市场。虽然八佰伴、大荣等公司因为日本国内总部的破产原因而退出中国市场，但是日本商业企业带入中国的新型百货店、超市、购物中心、便利店、折扣店等业态，让中国的零售业市场从20世纪90年代起，进入了一个蓬勃发展的时期。所以到现在，日本有的业态，中国都有；日本没有的业态，中国也有。唯一在中国还做得不好的日式零售业态，是药妆店，因为在中国发展药妆店，还是受到了某些政策的限制。

刚才我说了一句话，"日本零售业的科技创新，至少比中国落后了5年"，这是事实！一个亚洲商业的老师，被中国这一学生超越，一方面说明日本的商业没有迅速跟上IT（互联网）时代的步伐，另一方面也说明日本社会对于商业的"过度科技"，持一种谨慎甚至抵抗的态度。

我们来看一组数据，根据日本经济产业省的统计，2018年，日本社会零售总额为283万亿日元（约18.4万亿人民币），但是网购，也就是电商在整个零售总额中的占比仅为6.2%，销售额为18万亿日元（约

1.1万亿元人民币）。而中国在2018年，电商所占的社会零售总额比例已经达到19.8%。

还有一个数据，也比较有趣：日本家庭中有过网购经历的比例只有28%，有四分之三以上的日本人，一年都没有在网上买过一件东西，或者订过一家酒店。

日本电商落后吧？可以说，已经被中国甩下了几条大街，简直是处于"半原始社会"。

还有一个细分数据，我们搞电商市场分析的专家们，也应该了解一下：2018年，日本网购市场的销售总额是18万亿日元，增长率是8.9%。其中，物品销售为9.2万亿日元（约6000亿元人民币），增幅为8.1%，占比为51.7%；服务销售（酒店、机票预订等）为6.6万亿日元（约4300亿元人民币），增幅为11.6%，占比为37.0%；音乐、影视等电子商品下载销售为2.4万亿日元（约1600亿元人民币），增幅为4.6%，占比为11.3%。

为什么音乐与影视作品的下载销售比例会占到11%？因为日本非常注重音乐、影视作品的版权。像在我们中国，电视台刚把连续剧播完，第二天，大家就能够在一些视频网站上免费看。这样的事情，在日本绝对不可能发生。所以，去年有2名中国留学生就为此遭到日本警察的逮捕，他们很辛苦地把日本的电视剧录下来，然后马上翻译成中文，打上字幕，第二天就传到中国视频网站上，日本警察说，你这是侵犯了著作权。

日本人既然不热衷于网购，那么他们买东西都去哪里呢？他们去三个地方：第一是超市，第二是百货公司，第三是商店街，商店街里汇聚了吃喝玩乐等各种店铺。也就是说，大家多数是去实体店。

为什么日本的电商市场做不到中国那样大、那样快呢？原因有以下几条。

第一，中国的电子商务可以通过去掉部分中间商来获得价格优势，从而进攻线下零售。但日本零售业经过多年的发展，中间环节很少，线下零售的效率非常高，线上线下几乎没有价格差。而且在实体店里购物要支付10%消费税，网购也同样需要支付10%消费税，钻不到消费税的空子。

第二，日本拥有大量的超市、购物中心、便利店、药妆店，而且十分普及。加上遍布全国各个角落的各种自助售货机。像在东京，许多超市都是24小时经营。所以，实体店的24小时综合服务模式，使得线下购物十分便捷。

有一次我去日本东北地区新潟县的一个农村采

访，那个村只有五十几户人家，很偏僻。开车开到半路上，前不着村后不着店，已经是晚上8点多钟，突然发现远处有一个亮点。这是什么亮点？驶近一看，原来是稻田边上有一台自动售货机，卖饮料和方便面。后来，汽车驶到村口的时候，发现有一个灯火通明的房子，一看是一家24小时便利店。

虽然是一个很偏僻的便利店，但是服务内容很齐全，不仅有各类生活日用品和食品、书刊报纸，还卖一些小包装的水果蔬菜。店里有ATM（自助柜员）机，可以存款、取款、汇款。还有复印机、传真机和邮局信箱，还接收快递和发送快递，等于是把小超市、银行、办公与物流等功能聚合在了一起，可以说，因为有这家便利店，居住在这个小山村里，也能享受到现代生活的服务，没有什么不方便。

我的亲身体验让我看到，商业服务业态的普及与便捷，使得日本人在任何时候任何地点，都可以买到自己想要的东西。这就使得电商市场被挤压到了一个很狭窄的空间。

第三，日本的实体店一直重视细节和体验的打造，人们更倾向于去线下购物。

我们在座的各位，都是中国零售业的大佬，大家一定都去过日本。无论你去日本的百货公司也好，去电器店也好，所有的东西都可以摸的，所有东西都可以试，包括摄像机、相机、电脑，绝对不会在外面裹上一层透明塑料膜，让你看得见摸不着。

我采访过日本著名的电器量贩店必酷的社长，他告诉我经营实体店的成功秘诀：第一，灯要亮、过道要宽，购物环境必须舒适；第二，所有商品都可以拿可以摸，购物体验要好；第三，厕所要多、要干净，让不想进店的人，也想进厕所。

这三条，看似简单，但是我逛了上海、北京的几家电器量贩店，都没有做到。必酷店里的灯光如同白昼，就是要让你看着商品，如同在太阳底下一样瞧得仔细。厕所里都装了自动冲洗的马桶盖，还有空气清洁器，你到了店附近，就会想到去这家店里上厕所，上完厕所还有点时间，顺便逛一逛，也许会看中一样东西，于是就产生了"厕所消费"。这种细节服务和商品体验，是电商们做不到的，电商只能提供优惠的价格和便捷的送货服务，但是不能提供体验，而且还要担心买到假货，或者真货与平台所展示的商品照片不一样。

今天在跟几位开实体店的企业家们聊天时，大家说到一个苦恼，说我们有些消费者买电脑、买相机，先到实体店里转一圈，看一看摆弄一下，出了门就用手机下单,从电商那里买价格更优惠的货,实体店于是变成了电商的产品体验中心。这种情况,在日本是不太可能出现的,因为线上价格和线下价格基本上是一样的,实体店也可以网购。

正因为日本的零售业界努力营造舒适和体验型的购物环境,因此像东京这样高度竞争、快节奏的国际大都市,人们还保持着"逛街"的习惯。下班之后,尤其是到了休息日,银座街头会把道路封了,变成步行街,让大家可以自由自在地逛,轻松地买东西、吃东西,把一杯咖啡端到大街上来喝。对于生活在大都市里的人来说,逛街不只是一种购物行为,还是一种休闲生活,更是一种减压的活动。逛街是一种综合的消费行为,从家里出来坐地铁轻轨开始,大半天下来,你不只是买东西消费,还会坐下来吃吃喝喝,逛了一家店再去走第二家店,会产生连锁性的消费。一个市场与社会的活力,是靠人们走出家门,走入消费场所来支撑的,而不是靠待在家里等快递来支撑的。如果一个社会,连买一棵菜买几个鸡蛋,都想上网下单叫外卖,那么,损害的不只是社会活力,还有自己的健康,因为整天把自己的生活圈在家里,一定会未老先衰,因为你不运动。

所以,从社会活力与个人健康的角度来看待网购现象，我们是获得了便捷，损害了活力。更为糟糕的是，跟着"网购妈"一起长大的孩子，他只知道买东西扫一扫二维码就可以，不知道还可以上百货公司和超市。这种生活习惯与消费意识的养成会毁了"逛街文化"，更会使得实体店难以为继，而自己也变成了只动手指不动脚的"休眠动物"。

任何事物都会有两面性，火了电商，也会毁了商店；你说电商解决了多少万人的就业，也就意味着会导致多少万人的失业。所以，作为社会管理者的政府，在鼓励发展电商与维持住实体店经营之间，需要制定必要的平衡政策，包括禁止无序价格竞争与制定线上线下的税赋制度，你不能支持了一方，埋没了另一方，政府要当好"老娘舅"，而不是只当新事物的鼓动者。新事物并不一定都是好事物，就像共享单车，它需要社会与市场的验证，在没有获得良好的验证结果之前，政府不要轻易表态，更不应该立即出台政策全力扶持推进。尤其是涉及产业与民生的事情，一要依法，二要滞后。看看现有的法律允许不允许，要不要修改以适应新事物的诞生，增强依法执政、依法行政的观念；政策出台要滞后，就像重大活动的电视直播一样，要滞后几秒钟，看看中间有没有危机与差错。所以，我们常说"科学管理",科学管理的核心是细节管理,细节出差错,就会出大问题。

日本实体店之所以在激烈的电商环境中还能生存下去,它们是动了脑筋下了功夫的。譬如,施行"生活方式提案经营"。家庭主妇最需要什么？需要一家集生活日用品、化妆品、食品、药品、瓜果蔬菜、厨房厕所洗浴间用品于一体的综合商店,于是,日本诞生了"药妆店"。小资白领们下了班,或者周末想逛逛书店,但是,光看书没意思,最好还有个地方坐一坐,喝一杯咖啡红茶,吃一块蛋糕,甚至把中餐晚餐也解决了,于是诞生了超级时尚的"生活书店"——茑屋书店,这家书店火得不得了,中国有许多书店开始向茑屋学习,如上海的钟书阁书店,就学得很好,生意很红火。

实体店要生存,日本还有三种经营模式加持。一是建地铁轻轨的综合购物体。京都车站就是一个典型,伊势丹百货公司就建在车站里,必酷电器量贩店就进驻在车站的连体建筑中。为啥要建"车站购物综合商业中心"？因为有人流,一天进出几十万人,有 10% 的人进店逛逛,实体店日子就好过。

另外一个,就是百货公司的地下食品超市。日本百货公司大都有地下食品超市,主要卖熟食和高档食品。当你逛完百货店，要回家的时候，到地下食品超市里逛一圈，买一点熟食回家慢慢品酒。当然，地下超市的每一家熟食店，都是全国名店的柜台，东西有点贵，但是绝对是美味精品。

再一个就是"VIP销售模式"，日本各大百货公司把它称为"外商"。外商是针对富裕消费者人群的，把国内外顶级的消费品、限量版的东西收集起来，印成精美的画册，然后寄给VIP客户。当VIP客户来联系，表示对某一件商品感兴趣时，外商员会立即携带商品登门拜访，客人满意的话，当场刷卡。大型商品，譬如像家电、家具等，则上门说明，日后专车送货上门。我看了东京一家百货公司的资料，他们的"外商"销售额占到营业额的10%左右。

当然，日本的实体店也面临着四大挑战。一是出生率低下，消费人口出现减少；二是越来越多的人崇尚简约，消费欲望下降；三是电商的发展，冲击实体店市场份额；四是日本政府开始实施严格的限制加班的政策，使得劳动力出现短缺。在这四大挑战的冲击下，位于地方城市的一些百货店也出现关闭现象，7-11、罗森和全家在未来几年内，都将计划关闭数千家不盈利的店铺，同时降低加盟费以留住尚能继续经营的店家。

所以，刚才有一位从事百货店经营的嘉宾在演讲过程中，说了他们在全国的扩张计划，甚至与海外的风投基金合作买地建楼，五年要开10家百货公司，我劝他们要慎重。中国的人口红利正在消失，年轻一代的消费习惯正在改变，电商们相互残杀式的价格竞争愈演愈烈，这些因素都会使得实体店面临进一步的生存压力。或许投资还没有收回，店就开不下去了。依靠商业地产来获取暴利的时代已经结束，搞商业地产，今天你是首富，一旦经济萧条，银行收贷，你可能就是"首负"。日本八佰伴集团走的就是这样一条从"首富"到"首负"的不归路。

在20世纪80年代，八佰伴集团是日本最大的商业集团。在泡沫经济时期，它也相信"明天的日子一定比今天好"，也相信自己贷款买地建商场出租可以赚取土地升值的利润、可以赚取商场升值的利润、可以赚取商场店铺出租的利润。最辉煌的时候，八佰伴在全球拥有400多家百货公司、购物中心、超市。20世纪90年代进入中国，在上海浦东的稻田里建起了中国第一家中外合资的商业企业——上海第一八佰伴百货公司。但是1990年泡沫经济崩溃后，银行抽贷，地价房价暴跌，市场急剧萎缩，八佰伴最后没能撑住，破产了。

未来几年,中国经济会进入到一个新常态,内需不一定会扩大,如果在此背景下,还要实施规模性扩张,我是充满担忧的。

所以,从日本的经验来说,做零售业最重要的是,后台要加强科技管理,前台要加强笑脸相迎。也就是说,科技要用在商品物流与管理上。如果前台都改成了没有笑脸的"高科技",那么,就会失去零售业作为服务行业的根本,无人超市、无人酒店的昙花一现,就是一个鲜明的例子。

我对"智慧商业""数字零售"是有想法的,零售业不能"过度科技",你花了那么多的钱搞大数据,分析每位顾客的嗜好,他喜欢什么,就给他推荐什么,其实每位消费者,都有尝鲜的心理,不会天天吃同样的菜,也不会经常买一样的衣服。我今天也问了几家零售企业的老总:"你们搞了大数据,营业额增加了吗?"他们笑笑,或许他们搞大数据还没有搞彻底,搞彻底了,也会获利。

刚才还有一位嘉宾,介绍他们使用人脸识别技术框定每位进店的顾客。也就是说,当你进入这家店时,安装在店里的人脸识别系统就跟踪你,然后给你建档,你来了几次,买了什么东西,价格是多少,叫什么名字,信用卡或微信支付宝ID(身份标识号码）是多少，手机号码是哪一个，还录下你的视频，保存你的头像。

我听了之后，不是鼓掌，而是感到一种恐惧。先别说这家店有没有权力如此搜集顾客的个人信息，是不是侵犯了个人的隐私。一旦这些个人信息被泄露，弄不好回家就要闹离婚。老婆问，你上个月给谁买口红了？你一听，完了，有证有据，视频录像摆在那里，你想赖都赖不掉。刚才这位嘉宾说，这项技术是为了知道这位进店的客人以前是否来过，买过什么东西。但是我说，如果这位客人知道你的店安装了人脸识别系统，绝对可以保证：第二次不再上你家的门！

中午，我去会场外的展厅参观了最新的零售业科技产品。货架上的细长商品条是一个液晶板，不仅能显示价格，还能播广告，很先进、很新奇。一问价格，50厘米长、5厘米宽的液晶商品条，售价1000元人民币。如果一家超市的货架全部换成这样的液晶商品条，估计需要投资上千万元，本来很简单的一个价格表示牌，愣是被"科技化"，傻子都知道，进超市是买东西，不是盯着液晶商品条看你播广告。

我以上的话，可能很打击各位做"智慧商业""数字零售"伙伴的积极性。其实，经营实体店最需要的是一张笑脸和向顾客提供高品质的商品，有了这两样东西，就会有回头客，有了回头客，就有了生意。做零售业，没那么复杂，过度科技，便是本末倒置。日本零售业的科技创新比中国落后，但是，日本人不是不知道"智慧商业"，本来就薄利的零售业，你愣是要去搞一些过度的高科技新花样，只会增加运营成本，最终让店开不下去！所以，如何提高笑脸服务，提升顾客的消费体验，才是让实体店开得下去的根本。

02 | 日本的二维码支付为何落后中国

日本社会抵制二维码支付,还有一个根本性的原因,就是为了维护个人金融信用体系。

欢迎各位来日本研修。各位都是中国的金融专家,也是政策的制定者,如何把控中国的电子支付的方向,避免一些风险,日本的一些做法,我觉得可以供大家参考。

在讲课前,我想请我们男团员做一件事情,请大家把钱包掏出来。

好,现在看到,只有两位团员有钱包,其他人都只是带了信用卡和手机。

在日本,许多人的口袋里有两个钱包,一个大的装纸币和信用卡,另外一个小的,装硬币。所以,在日本的百货公司里,卖皮夹子的柜台依然很火。

而且日本人还发明出一种大钱包与小钱包融合的钱包，也就是在折叠式钱包的外层，加了一个小钱包的夹层，这样的话，出门就用不着带两个钱包。但是，许多讲究派头的男人，是很讨厌使用折叠式钱包的，他认为，这与西装革履很不相配。西装革履者，必须使用长方形的真皮钱包，并在钱包上刻上自己的罗马字姓名，这才显示出一种"酷"。

我以上的这段话，对于许多中国人，尤其是"00后"来说，简直是天方夜谭。因为，他们从出生到长大，没有见过钱包长什么样，爸爸妈妈和爷爷奶奶，或者女朋友，都没有送过钱包给他，自然他也不需要那种看上去像是20世纪陈腐的玩意儿。没有钱包，才是许多中国男人酷的一面，因为中国已经进入了电子支付的时代，"出门只需要手机"是当今中国社会的时尚。而日本还停留在数钢镚儿的时代。对于中国人来说，数钢镚儿的时代似乎是一个过时的时代，一去不复返了。

我时常回国出差，以前每次出差，总会带一把硬币回来。但是最近几年，在国内出差一个星期，很少动用纸币，也没有拿到过一枚硬币，全是"扫"，扫二维码——微信或者支付宝。无论去买一根油条，还是买一块手表，都是扫一下二维码就可以支付。

这种便捷，令中国人民银行发行新币也无人问津，因为没人再对纸币感兴趣。同时中国人对信用卡的兴趣也大为降低。中国的这一二维码支付手段，给银行节约大量的管理成本，譬如纸币可以少印，或者不印；可以让运钞车与押送员失业；可以让一部分门店关闭。最有趣的，还让一项千百年的罪恶职业几近消失——扒手。

我查了一份资料，全世界使用电子支付率最高的国家，是美国，几乎达到98%。而使用二维码支付的国家，最高的是中国，其次是韩国。

二维码是日本人发明的。1994年，日本人原昌宏为了便于对汽车零部件的管理，发明了二维码。当时，原昌宏在世界最大的汽车零件公司电装（DENSO）的子公司担任技术负责人。那时工厂都是用传统条码输入资讯，但横向的条码一次只能写入20个字，资讯量少，又难读取，员工经常抱怨扫条码很辛苦，因此原昌宏就决定研发一种方便使用的新式条码。

原昌宏苦思了很久，灵机一动。从自己平时喜欢玩的围棋，联想到可以把密码设计成格子状，如此就能写入大量资讯。原昌宏还在二维码其中3个角落加上"回"字图案，这样一来，就算是角度不同或出现大量杂讯，都能很方便地读取资讯。原昌宏带领团队进行了两年的研究，终于将标签上的一维码升级成二维码，信息储量一下增加了250倍！

原昌宏虽然发明了二维码，但是他没有去申请专利。因为他并没有看到它的生活应用场景，只是把它作为商品管理的一个识别系统。2011年，凌空网创始人徐蔚申请注册了"二维码扫一扫专利"，几年时间内徐蔚相继拥有了中国、美国和日本等国家的"采用条形码影像进行通信的方法、装置和移动终端"专利权。有资料说，2017年，徐蔚担任董事局主席的中国发码行公司，光是依靠海外专利授权就赚了至少7亿元。

《中国互联网络发展状况统计报告》数据显示，2016年中国人平均每天使用微信扫码就达10亿人次，使用支付宝扫码达5亿人次。这就是说，每一年，中国人使用二维码的次数至少达5000亿次左右。假设当初原昌宏规定对每次扫码收取一分钱专利费，那么现在他每年光在中国就能赚上50亿元。

2014年，在二维码发明20周年之际，欧洲专利局向原昌宏先生颁发了"欧洲发明大奖"，指出"二维码的社会价值和科技意义都同等伟大"。

二维条码具有储存量大、保密性高、追踪性高、抗损性强、备援性大、成本便宜等特性，这些特性特别适用于表单、安全保密、追踪、证照、存货盘点、资料备援等方面。从 2010 年开始，中国二维码市场才开始迅速升温，各种应用软件层出不穷，最有代表性的就是阿里巴巴推出了"支付宝"，腾讯推出了"微信支付"，这两大二维码支付系统几乎垄断了中国电子支付市场，令信用卡和借记卡几乎被人遗忘。

《2018 中国第三方支付数据发布》中显示，2018 年中国第三方移动支付交易规模达到 190.5 万亿元，而中国第三方互联网支付交易（信用卡、借记卡等）的规模仅为 29.1 万亿元，人均持有信用卡和借贷合一卡也只有 0.49 张。全国使用电子支付的成年人比例为 82%，农村地区使用电子支付的成年人比例为 72%，年增长率都在 5 个百分点以上。这说明什么？说明全中国有八成的人，平时付钱都是扫二维码。

所以，使用二维码付钱被称为中国的新发明，还是有道理的。因为老老少少如此普及，全世界估计也只有中国有。可以说，现在的孩子生下来，都不知道如何用钞票去买东西，在他们的印象中，付钱就是扫码，二维码就代表了钱，所以，他们是"扫码一代"。

日本也是电子支付大国，但是就没有中国那样的二维码支付。有的朋友会说，不对啊，日本许多地方都可以使用支付宝和微信啊！这没有错，但是，日本人不用支付宝和微信，用的都是中国人。也就是说，包括日本在内的海外市场，只是中国国内二维码支付的海外延伸。

为什么日本人不用支付宝和微信支付呢？最基本的原因有两个：一是日本政府和金融机构的抵制。他们有一个说法，说日本人如果使用了支付宝和微信支付，那么，日本人的个人信息和消费习惯等数据都会被中国拿去，这对日本国家和国民不利。因此，日本的金融机构都不愿意与支付宝和微信深度合作——我替你结账可以，我还可以赚取手续费。但是我把日本国内的结算后台开放给你，那不行。二是中国自己制订的游戏规则，限制了日本人的使用。支付宝和微信支付必须绑定中国金融机构的银行卡，日本人没有中国的身份证，也没有中国的手机号，自然无法注册（除了极少部分在中国工作居住的日本人）。

其实，除了这两大原因之外，日本社会抵制二维码支付，还有一个根本原因，就是为了维护个人金融信用体系。

这个说来，有点话长。

日本人开始拥有信用卡，普遍是从20世纪70年代开始。半个世纪以来，日本社会建立了十分完善的信用卡发放、信用评估和使用制度，并且也推出了代表性的信用卡JCB（吉士美卡）卡。拿我个人举例来说，我申请第一张信用卡，是在日本的大学毕业参加工作之后，申请到的只是一张普通卡，透支额度是10万日元（约6000元人民币），后来因为还款信用好，最高额度涨到了50万日元。6年后，才申请到一张金卡，最高额度涨到了100万日元（约6万元人民币）。拥有白金卡，是在使用信用卡15年之后，而且申请时要提供收入证明。我问了我们的日本员工，是不是因为我是外国人，才让我爬楼梯？他们说，日本人也是一样，并不因为你在银行里存款多就给你发金卡或白金卡，而是看你这些年来的每月刷卡金额与还款信誉，还有每月的收入，因为白金卡的可使用额度，都是几百万日元（几十万元人民币）。

所以，日本人拥有什么样的信用卡，与持卡人的个人金融信用是成正比的。而这个正比，对于信用卡公司来说，是最安全的风险管控。

日本人为何会相信信用卡，而不相信二维码？因为他们认为，信用卡公司几乎都是银行主办的，银行会有很好的个人信息保护，因此信用卡也会做到个人信息的有效保护——除了遭黑客故意侵入。因此，半个世纪以来，日本社会建立起了很好的信用卡制度与信誉。而二维码支付大多数是企业主办，企业能否保证个人信息的安全？许多日本人持怀疑态度。

而中国恰恰相反，中国的信用卡时代几乎是可以忽略不计的，因为在信用卡机制还没有成熟的时候，支付宝与微信支付就开始横扫中国大地，这种不需要信用评估，只需要个人充值的支付系统，使得"英雄不问出处"的豪气得到了淋漓尽致的发挥，中国的信用卡时代被抹杀了。

从某种意义上来说，支付宝和微信支付抛弃了信用卡烦琐的信用评估机制，使得电子支付更为便捷，而且也很符合中国人的行为准则——怎么方便怎么来。

但是信用卡是在你的额度之内可以不受限制的使用，二维码支付则是每天有一定的使用限额。同样属于"电子支付"的范畴，二者之间存在着比较大的差别。

在中国，还有一个二维码支付问题是日本人比较担忧的。因为支付宝与微信支付必须绑定个人身份证或实名制手机号码，因此，凡是使用支付宝与微信支付的任何交易，都将记录在你的身份证个人信息名下，有人想看的话，你的行踪、购买商品、消费趣向、消费能力是一览无余。日本人认为，这侵犯了个人的隐私权，因为日本有部法律——《个人隐私保护法》。

日本也向中国学习身份证制度，要给每位国民一个身份编号，建立全国统一的身份管理制度，让个人信息汇集到一处。这部法律通过已经好几年，甚至地方政府都推出了奖励政策，鼓励国民去领"身份证"，但是绝大多数日本人拒绝领取，更是拒绝填写个人身份编号。

所以，日本人办手机，还处于不需要个人身份编号，只需要驾照等个人身份证明与信用卡就可以办的"原始状态"。如订日本国内机票，就不核实个人身份，因为日本航空公司有一个说法，说飞机安全不安全，主要取决于行李中或乘客身上有没有危险品，而不在于乘客是男是女，有没有犯罪前科。因此，日本搭乘国内客机如同搭乘公交车，是不查身份的，自然，在一个单位里，同事有事不能出差，把自己的机票交给其他人代替出差，也是常有的事。

所以，国情不同，使得电子支付的形式也不同，产生的社会问题和担忧也不同。凡事都是有所得，也必有所失。由于日本人过于担忧"失"，于是在二维码支付这一问题上，一直裹脚不前。

但是问题也来了。2020年,日本要承办东京奥运会,预计会有4000多万外国人入境。2019年,单是中国大陆赴日旅游人数就会超过1000万人。这么多外国人的涌入,如何建立完善的电子支付环境,也是日本政府必须考虑的问题。同时,在电子支付这一领域,日本也不想成为落后国。于是,从2018年开始,日本几家银行和移动电信公司,包括"7-11"便利店集团,都开始推出以各种"卡"(Pay)为名义的手机支付业务。但是,即使采取了一些红包推销法,加入者也是寥寥无几。原因有以下三个。

第一,这些Pay都不是充值卡,而是绑定信用卡,维护信用卡的信用体系。好处是信用卡有多少额度,它一次就可以使用多少钱。也就是说,是信用卡的一种支付形式的改变,本来需要用卡刷,现在绑定手机后,可以用手机刷。因此许多日本人认为,这跟刷信用卡没有什么两样,万一手机没电了,还用不了。万一手机被人偷了用了,那损失更大。所以,本来只有信用卡公司知道你在花钱,现在手机公司也知道你花了什么钱,个人信息很容易遭到泄露,因此多数人表示对这新事物没兴趣。

第二,日本有一种全国通用的交通卡。这张交通卡既可以搭乘列车、地铁和出租车,同时在全国多数的商店里可以购物，十分便捷。这张交通卡属于充值卡，一次最多可以充值2万日元（约1200元人民币），除了小孩，日本人几乎是人手一张，因此一般性支付，有交通卡足矣。而且因为是充值卡，对于花销可以控制。

第三，日本社会虽然物质充裕，整个社会生活平稳，但是对于金钱的观念还是相对保守，认为钱一张张数出去，比填一个数字付给人家，更容易培养严谨的金钱观。所以，许多人明知道用信用卡或手机支付方便，但还是喜欢用现金，喜欢那一张张数出去时的沉甸甸的感觉。当然也有人不想留下电子购物记录，现金付完，干干净净。到目前为止，日本人使用移动支付的比例，还不到10%。

2018年，北海道发生了一次较强地震，地震导致整个北海道地区停电。这个时候，出现了一种奇异的现象，所有的信用卡、手机、交通卡支付全部无法使用。谁有现金，谁就可以吃到热乎乎的拉面；谁有现金，谁就可以先行搭船离开灾区。这一事例，让人们发现，无现金社会是一个可怕的社会，出门还是需要带现金。

我个人有个体会，在微信朋友圈里发200元红包，是没有"钱"的感觉的，甚至有一种玩游戏的快感。

但是当自己掏出200元现金付给人家时,这是有"钱"的感觉的。正因为如此,我在日本多数时候,也是喜欢支付现金。因为刷信用卡,总觉得下个月可以付,没啥问题,有时候还要装阔。但是到月底拿到账单,往往会傻眼:"怎么会有这么多呢?"

所以,无现金社会,自然有它的便捷性。但是,当一个人没有实实在在的金钱感觉的话,也是很可怕的。以前有信用卡破产,现在支付宝也搞出一个"花呗"贷款,虽然可以临时救急,但是在年轻人群中,也因此出现了"花呗破产族"。任何事,有利必有弊。

讲课前,有团员问我:"在电子支付领域,日本比中国落后了多少年?"我说,论电子支付的话,日本比中国先进了至少30年。但是论二维码支付的话,日本比中国落后了至少10年,而且今后也不一定会赶超。所以,面对区块链时代的到来,中日两国在电子支付领域如何开展合作,还需要在座各位的智慧!谢谢大家!

03 | 柯达死了，富士胶卷为何还能活着

日本公司之所以喜欢存钱，是因为他们吃尽了泡沫经济崩溃和经济危机的苦头。20世纪90年代初，日本泡沫经济崩溃，银行银根抽紧，一些资金不足的企业便在风雨中倒闭。2008年的世界金融危机，再次袭击以出口为主的日本各大企业。这些困境让日本企业深感存钱的重要性。即使这几年，日本经济复苏，股价翻了3倍，安倍首相催着企业给员工加工资，但是这些企业依然是坚做"守财奴"，把安倍的话当耳边风。

9月我回国，在上海连续做了两场讲演：一场是中国电线电缆行业大会，另一场是上海市宝山区高境镇，讲的都是同一个主题：日本企业的转型与创新。

我这次为什么会去一个镇级机构讲演？是因为

上海市宝山区高境镇委的张惠彬书记是一个"爱学家",他创办了一个"科创高境"名家讲堂。张书记听了我两年多的喜马拉雅"静说日本"节目,觉得我的思考与理念正是他们所渴望了解与参考的内容,因为高境镇已不是农村,而是中外企业与创新园区汇聚的地方,他们正在寻求新的突破。所以那一天讲演,全镇的干部与企业家都来了,把260人的会议大厅全部坐满。

无论是高大上的全国行业大会,还是上海市的一个科技小镇,大家在目前的经济下行的压力之下,都开始冷静地思考一个问题:企业该如何求生存、如何创新、如何发展?而日本企业走过的路,它们的创新方法与途径,它们在哪些领域引领世界,了解这些信息成了大家的渴望,也成了我的宣讲使命。

在讲演中,我特别谈到了一点,那就是日本企业在遭遇逆境时,他们是如何面对严寒,又是如何做到不挨饿受冻的。

中美贸易战打到现在,还看不到尽头,有些企业家觉得有点扛不住。我跟大家说,中国与美国才开打第一次贸易战,而日本与美国从20世纪70年代开始到80年代,先后打了6次。而且美国打一次,日本表面上看起来妥协一次,但是日本从每一次的打击中总结经验教训，并暗地里寻求技术与市场的突破，结果日本是越打越勇，也越打越强，打成了世界第二大经济大国——当然现在的经济总量被中国超越，这是后话。

所以，我们不必忧虑美国的贸易打压会折断我们的经济，反而恰恰是给了我们一个冷静思考的时期，从追求高发展的征途上放慢脚步，想想如何才能做大做强自己，如何转型创新！

参加中国电线电缆行业大会的企业家告诉我一个现象：有些企业家在市场前景不明朗、同行价格竞争过于激烈的情况下，准备放弃本业去开拓新的产业。我告诉他们："入行不易。"

这"入行不易"有两个意思：一是企业家在自己的本行业里已经干了几十年，熟门熟路，抛弃可惜；二是要寻找新的行业打进去，但你想到的行业，别人也许已经在干，即使别人还没干，你重起炉灶，没有几年的折腾，可能还是找不到入行的门路。

那么怎么办呢？我在大会上介绍了日本企业转型的几个案例，核心就是利用自身现有的技术来寻求新的产业与市场的拓展，做到绝处逢生。

第一个案例，就是富士胶卷公司。

在数码相机还没有诞生之前，美国的柯达与日本的富士胶卷是世界两大胶卷生产商,柯达是黄颜色包装,富士是绿颜色包装。结果柯达公司宣告破产重组,而富士胶卷活了下来,而且越活越好。为什么富士胶卷能够活下来?因为它成功转型了。

当年,富士胶卷公司在十字路口徘徊时,全体员工一起思考一个问题:公司最核心的胶卷膜的技术,能否改作他用?终于有人想到:我们来试试化妆品如何?

胶卷与化妆品,这两个产品相距十万八千里,怎样融合?结果,一年之后,富士胶卷公司成功开发出了红色系列化妆品,用的就是公司最为传统的膜与水解的技术。

化妆品的成功开发让富士胶卷公司尝到了涉足健康产业的甜头。于是,公司重心向健康产业转型,将最先进的人工智能技术与富士胶片传统优势的图像处理技术进行结合,开发出了用于识别和提取器官区域的 AI(人工智能)识别技术,这项结合了医疗影像与信息学 AI 技术的医疗系统,已经成为富士胶卷公司的一个新的医疗技术品牌,叫作"REiLI"。

"REiLI"技术能够在成像检查时准确识别器官的形状,并发现其与正常组织结构不同的部分,将这一异常部位及时提醒医生关注,并对这一异变特征进行解释,指出患者潜在的疾病状况,通过减少图像解释时间来帮助放射科医生进行临床决策。

这一技术的诞生,意味着人工智能体检将会比医生凭经验体检更精准。同时,富士胶卷公司还开发出了 FCT Pixel Shine(用于低剂量的计算机断层显像技术)技术,它能使用 AI 算法,并在极低辐射剂量下实现高效的图像处理。目前,富士胶卷公司还在推进主要脏器、肺癌 CT、脑梗检测的 CAD(计算机辅助设计系统)的开发。

最值得关注的是,富士胶卷公司还收购了美国的 iPS(诱导多能干细胞)细胞的提炼设备技术,成了这一万能细胞培植制造设备的专利供应商。

在摄影胶卷市场急剧缩小的背景下,富士胶卷公司积极寻求转型,形成以"医疗健康""高性能材料""电子影像""光电""印艺""文件处理"为主的 6 大业务领域,已经成为一家多元化的技术导向型创新企业。其中,医疗健康事业成了富士胶卷公司未来发展的领头羊,也使得它成了日本再生医疗的重要关联企业。

第二个案例,是佳能公司。

佳能公司是日本最大的照相机制造企业。但是,智能手机的普及导致数码相机成为一个夕阳市场,佳能引以为豪的单反相机也卖不动了。按照佳能公司董事长御手洗富士夫先生的说法："公司是到了悬崖边上，不改革，就等死。"

佳能决定转型，怎么转型？向医疗仪器与监控摄像等领域转型。

2013年，佳能将荷兰奥西纳为子公司，拓展商务印刷行业；2014年，佳能收购世界最大视频管理软件公司之一的麦视通；2015年，斥资28亿美元，收购了全球最大监控摄像头厂商安讯士；2016年，再出资59亿美元，收购了东芝医疗设备公司。

而这一系列收购，都基于佳能公司自身拥有世界一流的摄像、成像技术。也就是说，用自身的传统技术，以收购的方式，短平快地搞了一个产业与市场的扩大版。在短短的几年时间里，佳能公司已经跻身为世界第四大医疗设备制造商。去年在上海进博会上推出的PET-CT（正电子发射计算机断层显像），其性能的卓越性令行家们为之惊叹。

佳能公司显然还不满足于医疗健康产业，它凭借照相技术又开始进军小型卫星制造与发射领域。2017年发射升空的低轨小型卫星，重量为65千克，安装光学成像设备，运行轨道距离地球为500千米，每天绕行地球15次，拍摄的地面照片精度可以达到

1米，这样的精度对于一颗小型卫星来说已经很高了。

除了拍摄照片之外，这颗卫星还能够计算出地面物体的尺寸和统计数量，其中包括车辆、建筑或者农场。它也能够采集各种数据，涉及泥石流、地震或其他自然灾害。

这颗卫星的制造成本还不到10亿日元（约6600万元人民币），这仅仅是常规卫星制造成本的零头。到2020年，佳能希望能够利用成像卫星获得4.82亿美元的收入，而到了2030年，核收入计划翻一倍。

不仅如此，佳能还开始了火箭研发与卫星发射场的建设，太空梦正在让这一家传统的照相机企业成为世界宇宙工业的新成员。

在中国电线电缆行业大会和上海市宝山区高境镇的名家学堂上，我讲完富士胶卷与佳能公司转型创新这两个案例，与会的企业家们看到了一个希望，那就是如何利用现有的技术来衍生出新的产业与市场。

其实，富士胶卷公司与佳能公司成功转型的背后，还有一个很重要的基础，那就是它们拥有巨大的自有资金的积累，能够花得起大钱，收购世界一流的技术企业。譬如，佳能公司从2013年开始收购世界一流的技术企业，花费了100多亿美元，而且基本上都是自有资金。

富士胶卷公司与佳能公司都属于"写真"行业，在数码相机取代传统胶卷相机、高清手机取代传统相机的时代，这两家企业成了难兄难弟，都面临无米下锅的悲惨境地。

但是，这两家企业毕竟都是世界一流的企业，它们利用自身拥有的技术，在短短几年时间里，向医疗健康产业和宇宙工业领域华丽转型。

所以，日本企业面对经济下滑，市场变化的应对手段，除了转型创新之外，就是"存钱"。

京瓷公司的创始人稻盛和夫先生曾经在一次讲演中说了这么一句话，他说："一家企业的平稳发展，必须拥有自有资金的积累。京瓷公司7年间不赚一分钱，我们也不会倒下。"

稻盛和夫先生说这句话的背景，是京瓷公司拥有5万多名员工，可以想象，京瓷公司这些年存了多少钱。

日本公司之所以喜欢存钱，是因为他们吃尽了泡沫经济崩溃和经济危机的苦头。20世纪90年代初，日本泡沫经济崩溃，银行银根抽紧，一些资金不足的企业便在风雨中倒闭。2008年的世界金融危机，再次袭击以出口为主的日本各大企业。这些困境让日本企业深感存钱的重要性。即使这几年，日本经济复苏,股价翻了3倍,安倍首相催着企业给员工加工资,但是这些企业依然是坚持做"守财奴",把安倍的话当耳边风。

到2018年年底,日本企业的现金储备(内部留存)总额达到506万亿日元(约34万亿元人民币),相当于日本国家一年GDP的总额。正因为手头有充裕的现金,日本企业才可以从长计议,从容转型,就像丰田汽车公司那样,氢能源技术可以从1992年开始研发,到2014年生产出第一批试验车,整整22年的时间专注于一项技术的研发,这种研发不只是耐心,而是耐心背后的资金实力。

财富中文网发表的《2018年财富世界500强排行榜》的数据很能说明丰田汽车公司的这一实力:中国上榜的上汽、东风、一汽、北汽、吉利等车企的总利润为137亿美元,但是丰田汽车公司一家2018年的利润就达到了225亿美元,几乎是中国车企利润综合的2倍。现金储备更是高达840亿美元(约6000亿元人民币)。

我在上海市宝山区高境镇讲演时,开了一个玩笑:如果阿里巴巴是日本的一家企业,那么,日本经济团体联合会开会时,马云先生估计连小板凳都找不见,为什么这么说呢?因为阿里巴巴虽然做得很好,但是你的企业实在太年轻,因为千年企业还只坐在第二排,百年企业还找不到自己的位子。日本现有百年以上企业为34944家。

这话是什么意思呢?一家企业的价值除了它创造的利润之外,还在于它的生命力,经过战乱、地震、海啸、金融危机、泡沫经济崩溃、老东家断根等天灾人祸,能够连续存活几百年甚至上千年,已经成为"不倒翁企业",而新兴企业你还要保证自己能够活上百年。

最近,我一直在做日本企业的研究,发现这些数百年甚至千年不倒的企业,它们的身上有着独特的DNA(脱氧核糖核酸),而这些DNA归纳起来是以下三个。

第一,只做本业及本业相关事业,不搞盲目扩张;

第二,备战备荒,存足钱粮,不随便借钱;

第三,不以上市为追求,以传承发展为第一要务,牢牢把控企业经营权。

04 | 日本政府如何扶植中小企业转型创新

面对世界金融危机,当时的日本政府是怎么做的呢?他们没有掏一分钱,而是在国会制定通过了一部中小企业保护法律,这部特殊的法律规定:所有企业向银行等金融机构借贷的资金,一律延长5年的归还期,政府为企业提供这一延长归还的信用担保。

今天的讲演,先从一条微信说起。

昨天夜里,有朋友给我发了一条微信,说最近卖了奔驰换成了普锐斯。我回了他一条:你还是比我厉害,我刚买了一辆二手自行车。

这一微信的对话说明了什么?说明大家现在日子都难过了,不只是你我。

最近,接待了几个中国地方政府的访日团,一起讨论了政府如何扶植中小企业渡过难关的问题。

我给他们讲了一个例子。

2008年,世界金融危机发生,中日两国也跟着受难。当时中国政府拿出4万亿元人民币救市,这一举措十分有力,可惜,大部分资金最终都流入国企,甚至被用作了房地产开发,民营企业尤其是中小民营企业只是仰望兴叹而已。

面对世界金融危机,当时的日本政府是怎么做的呢?他们没有掏一分钱,而是在国会制定并通过了一部中小企业保护法律,这部特殊的法律规定:所有企业向银行等金融机构借贷的资金,一律延长5年的归还期,政府为企业提供这一延长归还的信用担保。

这部法律实施的结果,日本企业尤其是中小企业安度了金融寒潮。5年之后来算账,无力归还最终倒闭的企业欠债总额为4200亿日元(约270亿元人民币),也就是说,政府最终为平息金融危机所付出的代价是270亿元人民币(向银行支付的企业债权担保金额)。

听完这个例子,大家的反应一定是:这一政策在中国是行不通的。为什么会这样认为呢?因为大家会认为中国的民营企业没那么诚信,没那么守信用。一听政府可以替他担保还钱,第二天就会宣布倒闭,把一屁股债扔给政府。

这说明，中国政府与企业之间的合作关系，要比日本复杂和艰难。

那么，在支持企业创新转型的问题上，日本政府到底是怎么做的？他们是如何处理政府与企业之间的关系的呢？

在回答这一问题前，我们首先要搞清楚：政府是干什么的？

政府的职责是要给企业创造一个舒适的通畅的经商环境。你鼓励企业去搞数字化、智能化，那我买机器人的钱哪里来？没钱。为什么没钱？因为我纳的税太高了。你能不能把税给我减一点儿？政府应该去做这件事情。日本的法人税已经从30%减到了23%，中小企业的法人税已经从25%减到了15%。中国政府2019年也实施了大幅的减税，总额达到了2万亿元人民币。不过是否还有可努力的余地？日本政府一年的财政收入，只够国家预算支出的一半，还有一半靠发行国债等手段，向金融机构和国民借钱过日子。

中国的某些企业现在有一种巨婴现象，规模已经做得很大，而且与政府走得很近，很近的原因，不是为了给政府多做事多纳税，而是为了获得政府最大化的政策性经济补贴。结果出现了一个有趣的问题：政府补贴什么，企业家们去做什么！于是出现了一窝蜂现象！补贴太阳能发电，大家都去忙太阳能；补贴电动车，大家都去忙电动车。结果，有一天政府决定不补贴或者减少补贴的时候，这些企业就死了。

为什么会出现这种现象，最大的原因，是政府对于产业发展的指导方式有改正的余地，它直接将补贴给了企业，于是企业为了能够拿到政府的补贴，往往是装模作样。也就是说，大多数拿补贴的企业只做量，不在乎质。结果这几年中国生产出来的新能源车（几乎都是电动车）均为低配，有的甚至是拖拉机级。

日本政府对产业的补贴是怎么做的呢？基本上是不会把钱直接补贴给企业，而是补贴给产品的购买者。譬如，丰田汽车公司生产出来的氢能源车，政府是卖掉一辆补贴一辆。第一代氢能源车"未来"的售价是720万日元（约46万元人民币），政府补贴给买车者30%，个人只需要承担约28万元人民币即可。这就意味着，丰田汽车公司必须卖掉一辆车，才能得到政府的补贴。为了能够让这款新车打动消费者的心，诱惑更多的人来买这一款新能源车，丰田不仅要把车的外形做得漂亮，而且车内各种配置做到了完全的高配，还融入了这几年丰田研发的各种最新的技术。

日本政府的这一做法，提高了企业创新与要钱的"门槛"，迫使企业先要做好产品，而且还得是卖得出去的产品，才能领到政府的补贴。这样一来，企业糊弄政府的机会就变成了"零"，只能依靠实力去争取补贴。

所以，中国政府在发放政策性补贴时，也可以参考日本政府的做法，不要忙着先给钱，而是先要看到靠谱的成果。

最近，人工智能与物联网技术叫得很响，有一种倾向认为，谁掌握了人工智能，谁就掌控了世界。日本政府也支持中小企业发展人工智能与物联网技术，但是企业不会一哄而上，因为许多传统的制造企业不需要那么多的人工智能，它更多的是需要技术的提升与传承。

那么，日本政府在推进智能化社会的建设中，是如何指导中小企业智能化的呢？经济产业省在全国各地组建了智能化产业推进指导员制度，聘请了一批 IT（互联网）与 AI（人工智能）专业人才担任指导员，去企业帮助指导，看看哪些环节需要智能化，哪些环节不需要智能化，在添置智能化设备时，有哪些政府的优惠政策可以利用？各地的商工会议所也开设指导窗口，接受企业的咨询，最大限度地避免企业的盲目投资，为企业把脉把关。

那么，企业在面临产业转型与创新要求时，该如何应对时代的挑战？日本企业最主要的做法就是两个字——存钱。

一家企业的转型发展需要资本，资本来自什么地方？第一，来自自身的积累。第二，来自银行。第三，来自社会，也就是各种基金资本。中国企业现在依赖的资本，最大的不是自有资本，也不是银行资本，而是社会资本。投资公司的总裁们眼睛盯着的是，钱投下去以后，什么时候能够把这家企业做上市，我能获得最大的利益。中国创新企业有一个绰号，叫"轮企业"，A轮、B轮、C轮投资结束后，企业还没有实现盈利，但是号称股值已经达到了几百亿美元，于是包装上市，大家分钱。

投资基金是一把"双刃剑"，它能够助推企业在初期飞速发展，但是它也是一根上吊的绳子。为什么这么说？大家知道，所有的投资基金，跟企业都有对赌协议，5年或者8年，你做不到他的期望值，你就死掉了。你上市以后，过了若干年，它把资金一抽逃，你该怎么办？就像火箭发射卫星，上去以后，还没进入轨道，推动力没了。所以，许多所谓的创新企业一上市就黄，原因就在这里。大家是玩钱，而不是做实业。

日本企业是看到了这一陷阱，于是站在陷阱的周围，不看不进。日本的风投基金公司有多少家？有一个数据是87家。我问了野村证券公司的一位投资专家，他说活跃的不会超过30家。

我们中国风投基金性质的金融公司有多少家？银监委发牌的是25000家。然后挂在这些有牌照基金之下的各种"事业部"，据说不少于40万家。

虽然中日两国的人口与企业数的总量不一样，但是，日本350多万家企业中，只有80多家风投基金公司，只能说明风投基金公司没有市场。或者说，日本多数企业对风投基金说"不"！

为什么日本企业这样畏惧"风投基金"？因为日本在泡沫经济崩溃之后，闹出过一起轰动全国的"风投资金破产案"。这一破产案的主角，是三洋电器公司。这家企业在20世纪80年代，是与松下电器齐名的家电制造企业，三洋制造的电视机、电冰箱、洗衣机和收录机等风靡中国。但是，20世纪90年代初，日本泡沫经济崩溃之后，规模铺张过大的三洋电器公司遭遇了资金短缺的问题。在日本的银行不再愿意伸手相助的情况下,三洋电器公司不是砸锅卖铁渡难关,而是向美国的风投基金公司伸出了手。结果在对赌的协议下,三洋电器公司的创业一族逐步被削弱经营权,最终被赶出了董事会。

日本企业第一想到的是依靠自有资金,也就是说,企业是存钱过日子,不会乱花钱,即使上市,也只做本业,不会盲目扩大投资。

我举个例子,京瓷公司是稻盛和夫先生创办的,稻盛和夫先生说过一句话,他说京瓷公司7年不赚钱,公司也不会垮。什么意思?说明他的公司有很多的现金积累,如果不赚钱也能维持7年,大家要知道,京瓷的员工数是5万人。

那么日本企业到底存了多少钱?根据日本金融厅公布的数据显示,到2018年年底为止是506万亿日元(约32.6万亿元人民币)。这是个什么概念?这一数字与日本一年的GDP总额500万亿日元相等。也就是说,日本企业手里藏了一个国家的GDP。

日本的银行存款利息,无论是活期还是定期,均为0.01%,等于是钱存在银行里是没利息,存款金额少的话还要倒贴钱,因为你把存款取出来时,还需要支付手续费。既然如此,为什么日本企业还这么喜欢存钱?

因为日本企业有一句经营行话,叫"安全驾驶"。

日本企业认为,如果一家企业没有储备一定数量的运转资金的话,就可能会随时翻船。那企业至少需要储备多少钱呢?这个数字是半年的运营资金。储备半年运营所需资金,这是一条安全经营的红线。不足额时,公司必须开始紧急融资。

所以,正因为有充裕的自有资金,不管遇到多大的风浪,什么金融危机、泡沫经济崩溃,企业都可以支撑几年。然后,再用充裕的时间和财力,慢慢地实行转型,慢慢地提升自己的产业。美国再打压,日本企业也不会太害怕。

日本银行协会调查了中小企业,问他们要不要银行贷款?70%的中小企业告诉银行一句话,我们不要你的贷款!

日本商业贷款的标准利率是1.5%,但是,如果通过各地政府系列的商工会议所的介绍,协商利率可以低到0.5%。这么低的利率大家还不要,这说明日本企业手里真的有点钱。同时,我们也可以看到,日本企业没有太多的盲目扩张、拼命想办法上市的欲望,因为许多日本企业家认为,办企业是办事业,而不是单纯为了赚钱。

今天在座的各位,都是中国代表性企业的董事长和总裁,你们是在制造业第一线的指挥员。最近十年,我一直在研究日本的经济。我感觉中国现在的经济与其相比较而言存在两大问题:第一,因为我们缺少核心的技术,所以我们缺少一个核心的竞争力,这是现在整个中国经济发展中的一个很重要且困惑很大的问题。第二,我们在整个经济发展过程当中,没有形成一个很完整的产业链及产业基础。有的产业我们做得很好,有的产业还比较欠缺。

所以,政府应该指导企业来改变这两大问题,而要改变,就要指导企业转型创新。在转型创新中,政府要注意自己的角色位置,不要当企业的保姆,而是应该当好一位助跑员。必要时,引领选手,更多的时候,则是陪伴选手,让选手们(企业家们)能够离开"保姆",自己去闯荡江湖,自己去挣钱过日子,而不是遇到什么困难,第一时间就想到政府。只有这样,中国企业的转型创新,才不会跟着政府的补贴政策走,才能实现中国制造业的多样化和科创企业的尖端化,让中国成为一个自主创新的制造业大国。

科技 ｜ 万象更新

05 | 世界还缺少什么

中国企业要做强,不能只看"量",更要看"质",不能只热衷于市场占比,更要关注利润率,赚到多少钱才是本质。所以,中国企业在转型创新中,还要向日本企业学习精益化管理,把"质"与"量"实现最完美的融合统一,让精益化管理,成为企业的生命管理!

谢谢大会组委会的邀请,让我再度出席"中国制造业国际论坛"并做这场主旨讲演。

2018年,我在这个讲台上说过一句话:"华为的手机主要是在日本研发的。"说完这句话,我发现不太对劲儿,因为触动了一些网友的神经,至今还有人在网上骂我是"精日分子"。刚才在茶叙时间,几位企业家跟我说:"徐先生,去年你说的这句话,其实是给中国的制造业服了一帖清醒剂,让大家看到了中日两国制造业的距离,也让大家知道了日本其实并没有失去20年,我们需要向日本学习。"

我说,我不是一名经济学家,但是作为一名日本经济与产业的观察者,我想我能够给大家带来邻国发展的实况。

2018年的这个时候,大家还没有感受到中美贸易摩擦带来的巨大压力,但是,2019年的这次国际论坛,我发现1400多名与会者的脸色有些凝重。前些天,我在东京给日本经济团体讲中国经济的现状与前景时,日本的企业家跟我说,你们中国人太在乎美国人的打压。日本已经跟美国打过6次贸易战,每打一次,我们表面上是妥协一次,但是其实我们背地里是努力一次,结果我们是越打越勇,打成了世界第二大经济强国,当然现在被你们中国超越。

所以,我今天想说的是,我们需要打起精神来,中国的制造业必须实现伟大而艰难的转型,中国制造业转型成功了,那么中国经济的基础就扎实了,未来我们就不再担忧别人的打压。

在上午的圆桌会议上,中国工程院制造业研究室主任屈贤明院士透露了一个很重要的信息,中国工程院曾经组织50多位院士将中国的制造业与日美德等先进国家的制造业进行比对研究,得出的结论是,在26个产业中,中国占绝对和相对的优势的有

60%，还有40%是日美德等发达国家占优势。

可以说短短的几十年，中国的制造业从无到有，从弱到强，取得了相当了不起的成绩。但是，我们要研究，我们的短板在哪里？也就是说，40%的部分，我们缺什么？屈院士是《中国制造2025》的主要执笔人，他给我们揭开了谜底：中国缺基础技术与基础材料的研究。我们的高铁已经做到了世界第一，但是高铁的轴承等核心零部件还需要从日本进口。特朗普为什么不打压中国的服务业，而专门打压中国的制造业？他就是看中了中国产业发展的瓶颈。

中国现在正面临着经济滑坡、设备投资减少的压力，在这种压力中，制造业首当其冲，有些企业陷入了困惑与彷徨。借着今天这个机会，我想跟大家来聊一聊日本当年在遭遇泡沫经济崩溃与危机打压时，他们是如何应对的，如今又在朝哪些方向转型。

日本在20世纪七八十年代，跟5年前的中国一样，谁都相信"明天的日子一定会比今天好！"。但是，到了90年代初，经济泡沫崩溃，日本出现了严重的产能过剩、房地产市场暴跌、银根收紧、出口受阻、内需市场萎缩、GDP（国内生产总值）负增长的困境，情况比我们现在要糟糕得多。日本企业那个时候是怎么做的？企业相互合并，抱团取暖过寒冬。130多家城市商业银行逐渐合并为几大银行，150多家钢铁企业合并为三大集团，把产能压缩到最合理的状态。到了1997年，亚洲金融危机发生，日本企业选择的一条路就是"走出去"，所以，20世纪90年代末到21世纪初出现了日本企业投资中国热的现象。日本在海外现在有7万家企业，仅在中国就有3.5万家，一半的鸡蛋放在中国这个篮子里。到2008年，世界金融危机冲击波来袭，日本采取的对策就是"抛弃"，把白色家电、电脑，甚至手机等他们认为是中低端的产品扔掉，厉行背水一战式的转型。

经过近10年的努力，日本企业现在的转型是否成功？我们只能说，还在半路上，但是已经看到了成功的雏形。

日本企业的转型战略，概括起来有三条：第一是控制上游，主要是控制先进材料和先进制造设备；第二是占据中游，主要是研发核心零部件；第三是放弃下游，即尽量少做终端产品，因为中国、韩国甚至东南亚一些国家都已经做得很好，日本再参与竞争，已经没有太多的意义和价值。

那么，日本是如何控制上游的？我来举一个大家都熟悉的例子。

2019年7月，日本政府突然发动了对韩国的贸易打压,限制三种半导体材料对韩国出口。这三种半导体材料是:高纯度氟化氢(主要用来切割半导体基板,在半导体产品制造中,使用氟化氢的次数多达十多次);氟化聚酰亚胺(用于电视、智能手机中LED显示器薄膜等,没有聚酰亚胺就不会有今天的微电子技术);光刻胶(显示屏上色彩斑斓度取决于彩色薄膜颜色,而彩色薄膜颜色必须由光刻胶来完成)。

半导体产业占据韩国出口额的20%以上,而日本控制了这三种材料全球70%~90%的份额,因为这三种材料遭到日本的限制,韩国的电子产业受到了重创。世界上难道除了日本,就没有其他国家的企业生产这三种材料吗?有,我们中国的部分企业也在生产,但是据说是纯度不够,难以符合韩国企业的要求。

这个事例说明了一点,日本为何要拼命控制上游产业,因为控制了上游产业,等于是控制了产业的命脉。所以,日本企业每年投入巨额的资金从事基础研究,不只是为了诞生几位诺贝尔奖获得者,而是为了坚持走"技术立国"的道路,因为日本社会从政府到企业都有这样的一个基本共识:日本是一个缺资源的国家,唯有拥有世界最先端的技术,国家才会立于不败之地,企业才能拥有国际竞争力。

半导体产业是影响世界未来最核心的基础产业。我们看到,在半导体领域的19种关键材料中,有14种,日本的产能是占了全球50%以上。除了材料之外,日本还注重精密仪器的研发生产。2018年,全球15大半导体设备厂商中,日本占了7家。在半导体生产设备市场份额中,日本占30%左右。从每个设备的份额来看,日本拥有10种50%以上份额的市场垄断性设备。

屈院士在讲演中也特别提到一点,中国现在最缺精密检测仪器设备,这是我们中国工业最大的短板。

占据上游产业之后,日本企业在转型中,依据他们的技术实力,也在努力地控制中游产业,也就是核心零部件的研发生产。

这几年,我们似乎看到日本的制造业在走下坡路。为什么大家会有这种感觉?因为日本那么多著名的电视机、电冰箱、洗衣机甚至是电脑品牌,都被我们中国企业收购了。但是我需要提醒大家的是,日本企业虽然抛弃了这些终端家电产品,但并没有抛弃半导体技术。为什么这么说?我们来看看华为手机的例子。

大家一听我又聊华为手机，一定会笑，但是这次请不要笑。

日本有一家十分权威的经济媒体《日本经济新闻》。2019年5月，在美国打压华为最为激烈的时候，请了一家专业公司对华为的最新款手机进行了解剖，想搞清楚没有了美国提供的零部件，华为到底还能不能生产手机？解剖结果发现，在华为手机1361个零部件中，美国制造的零部件只有15种，占比1.1%；中国制造的零部件是80种，占比5.9%；而日本制造的零部件达到869种，占比为63.8%；华为日本公司告诉我一个数据：2018年，华为从日本进口的零部件总额为7300亿日元（约480亿元人民币），占到中日贸易总额的5%左右；而2019年，这一数字将超过8000亿日元（约530亿元人民币）。

2018年的时候，我还说过一句话，我说我最敬佩的中国企业家是任正非先生，当中国的企业都在收购日本淘汰的生产线的时候，他悄悄地出高价买人家的"头脑"，雇用了400多位日本的手机工程师，在日本建立了2家研究所。现在，这个数字要做修改，到目前为止，华为在日本雇用的日本技术人员已经达到1500多人，在东京、横滨、大阪建立了4个研究所。

华为作为一家跨国企业，实行"全球采购全球销售"是一种基本的商业模式，苹果如此，索尼也是如此，这不足为奇，相反地这更能凸显一家跨国企业的实力。从这个事例中，我们也可以看出，华为手机对日本的依赖程度。同时我们也可以从另外一个角度看出，日本企业依靠它的核心零部件一直在闷声发大财，这就是日本企业控制中游的战略。

我跟日本的政府官员说，你们不要打压华为，中日两国政府达成了共同开发第三方市场的协议，华为是这一协议的最佳实践者，也是最大的成功者。中日两国只有实行产业互补，才能共闯天下。

那么，日本企业到底是如何转型的呢？我来给大家举几家日本著名企业的例子。

首先是索尼公司。索尼公司在抛弃了电脑等电子产品之后，重点发展电子零部件产业。譬如，索尼目前占据了全世界53%的传感器市场，这一数字一度曾达到过70%。同时，索尼积极拓展与教育、音乐、烹饪机器人、陪伴者等相关的产品开发，做未来生活的倡导者。我们现在比较少看到索尼的终端产品，但是索尼在2018年的利润额创下了近20年来的最高值。

其次是NEC公司（日本电气股份有限公司）。

NEC公司是日本最早做商业电脑的公司,其在国际IT领域有着巨大的引领力,是日本最大的IT与AI方案的提供商。它早在10年前就抛弃了电脑事业,全力构建全自动驾驶系统,开拓宇宙空间通信系统,注重人脸识别技术研发,NEC是2020年东京奥运会最主要的电子服务商。前不久,NEC公司开始着手飞行汽车管理系统的研究,他们预估到10年、20年之后,人类社会需要这套系统。

最后看看东丽公司。这是世界最大的一家纺织品制造企业。纺织品制造企业如何转型?它利用纺织技术向材料企业转型。东丽公司研发的碳纤维材料,现在已经是波音787的机体材料,而且还开始用于汽车车体制造。东丽公司还参与健康产业,日本厚生劳动省已经批准了东丽公司的一项医疗技术进行临床应用——用一滴血检查癌症。

我在以前的讲演中曾经多次提到富士胶卷公司。当数码相机浪潮来临,人们不再青睐胶卷的时候,柯达破产了,富士胶卷则寻求凤凰涅槃。它充分利用胶卷的药膜技术研发新药和化妆品;利用图像技术开发出新型的医疗诊断系统"REiLI"。上午的圆桌会议上,富士胶卷的中国创新中心所长徐瑞馥女士介绍了富士胶卷的最新创新成果。我相信,富士胶卷未来引领世界的绝对不会是那套医疗诊断系统,而是 iPS 细胞生产设备,因为富士胶卷已经是世界 iPS 细胞生产设备最大的专利拥有者。而未来数年内,iPS 细胞治疗方法将会结束临床试验阶段进入临床治疗阶段,世界的医疗将进入器官再生治疗阶段。因此,毫无疑问,富士胶卷最终会转型为一家杰出的再生医疗公司。

我们抛弃了胶卷,发现现在也开始逐渐在抛弃数码相机,因为现在智能手机的照相效果越来越好。富士胶卷"痛苦"完了,接下来轮到佳能"痛苦"。大家知道,佳能是世界上数一数二的照相机制造企业,但是这几年,相机的销售量直线下滑。怎么办?佳能也只能转型。它向哪里转?向医疗产业转。它收购了东芝的医疗设备产业,在东芝优秀的医疗系统基础上再结合佳能独有的照相与成像技术,开发出世界上最先进的 PET-CT 系统。佳能还不满足,它还向另一个领域转型,那就是宇宙产业。2017 年,佳能利用高超的照相技术研发的低轨卫星发射升空,预计能开拓出 30 亿美元规模的小型卫星市场。

以上几家日本企业都是我们非常熟悉的,从它们的转型创新中我们可以发现一条规律,那就是,日本企业的转型创新,不是"破旧立新",而是在已有的技术基础上实现转型创新。这一点,很值得我们中国企业学习参考。你不要看别人在做什么，而是要想"世界还缺少什么？"只有带着这样一种情怀和创意，才能不断地研发与生产出"世界唯一"或"比别人更好"的材料与产品，而不是跟在别人屁股后面跑。跟在别人屁股后面跑，是跑不过人家的，因为日本企业的转型大多是站在高速公路的十字路口选择转型，我们中国许多企业还站在一级公路的十字路口选择转型，起点不一样。所以，我们要选择"弯道"，"弯道超车"是有风险的，但也是唯一能够超越别人的途径。这个"弯道"，就是研发别人还没有的东西。所以，中国企业必须加强基础研究，必须拥有自己核心的技术。这个转型创新的过程会很漫长，也很艰辛，但是我们必须沉下气来走，而且必须走下去！

由制造业国际联盟和中国机械工业企业管理协会共同主办的"中国制造业国际论坛"，2019年已经是第16届，这是中国制造业的创新盛会，也是中国制造业的守护大会。我在这里要特别感谢承办者——天津爱波瑞公司董事长王洪艳女士，因为她的奉献与努力，才有了中国制造业的这个灿烂的舞台。刚才她问我："中国企业在转型创新中，如何体现精益化管理？"我跟她说，除了思考"世界还缺少什么？"之外，还必须考虑"我们这么辛苦，如何才能赚得更多?"。

为什么我会特别提到这一点,因为一个数据,这个数据是福布斯提供的。2018年,中国大型汽车制造企业,包括东风、一汽、广汽、吉利等加起来,利润总额是137亿美元。同样是2018年,日本丰田汽车公司一家企业,利润额达到250亿美元。这就是说,中国这么多的车企加起来的利润,还只是丰田一家公司利润的大约一半,而我们的规模和员工人数要远远超过丰田,人均利润额差了将近5倍。所以,中国制造业要做强,不能只看"量",更要看"质",不能只热衷于市场占比,更要关注利润率,赚到多少钱才是本质。中国企业在转型创新中,还要向日本企业学习精益化管理,把"质"与"量"实现最完美的融合统一,让精益化管理,成为企业的生命管理!只有这样,经过10年或更多一点时间的努力,中国才能成为世界制造业强国。这是我们共同的梦想,在座的各位都是中国制造业的巨头,你们的努力,将会创造中国灿烂的明天!

06 | 日本凭什么开启"人活百岁"时代

到2022年,日本的医疗会进入一个全新的时期,日本人不仅可以因此延长寿命,更为重要的是,再生医疗将会成为日本的一大新兴的支柱产业。

我写过一篇文章《日本的尖端医学研究开始在治什么病》,这篇文章引起了中国医学界的关注,有好几位北京的医学界朋友问我:"日本医学研究真有那么牛吗?"

其实,大家邀请我做这场有关日本最新医疗动向的报告,我是忐忑不安的,因为我不是医学专家,甚至有许多专业的概念还没有搞清楚,今天是赶鸭子上架,在各位医学专家面前班门弄斧一下,说错的地方,请大家多多包涵。但是有一点请大家相信,我今天说的内容,都是有根有据的,真实反映了日本尖端医疗的最新研究动态。

2018年，日本政府提出了一个口号，就是日本要进入"人活100岁"的时代。日本是当今世界平均寿命最长的国家，国民的平均寿命是84岁，如果进入"人活100岁"的时代，那么还要再多活16岁。

如何才能多活16岁甚至多活30岁？不是靠干净的空气、安全的食品和每年的体检，而是需要依靠新兴的尖端医疗的支撑，这个尖端医疗，就是"再生医疗"。而再生医疗的核心是日本领先世界的iPS细胞的研究与治疗。

最近，大家有没有注意到一条消息，说日本京都大学的一个研究小组，已经成功地使用iPS细胞对一名患有帕金森病的男性进行了治疗，目前效果良好。

大家知道，帕金森病是一大难病，它属于一种神经系统变性疾病，主要病理改变是脑部分泌多巴胺的神经细胞死亡，临床表现为手脚颤抖、身体僵硬、行动迟缓，虽然不会立即危及生命，但是严重的话，会让人失去基本的生活能力。各国的医学专家们都在研究各种方法攻克这一疑难病，但是至今没有找到很好的根治途径，药物治疗的效果也十分有限。

京都大学医学部附属医院举行了一个记者会，

宣布在 2018 年 10 月实施了世界上首例 iPS 细胞治疗帕金森病的手术。

京都大学的医学专家们介绍说，患者是一名 50 多岁的男性，被移植的是由他人 iPS 细胞培养的多巴胺神经祖细胞。在约 3 小时的移植手术中，医生向这名患者脑部两侧注入了约 240 万个多巴胺神经祖细胞，以修补生成多巴胺的神经细胞。目前患者恢复情况良好。

不过医学专家们说，手术效果和安全性还需要长期的观察，观察期为 2 年。按照计划，这次获得日本政府批准实施的临床移植手术试验，还将对另外 7 名帕金森病的患者进行同样的治疗。

为什么京都大学的医学专家认为 iPS 细胞可以治疗帕金森病呢？因为在过去几年，他们对患有帕金森病的 8 只猴子进行了 iPS 细胞治疗，结果显示，不仅这些猴子的手足颤抖状况得到改善，经过最长两年时间的观察，也没有出现可能癌变的肿瘤。因此，京都大学的医学专家们确认了 iPS 细胞治疗帕金森病的有效性和安全性。

有必要跟大家解释一下，什么是 iPS 细胞。

专业的医学解读是：iPS 细胞的标准名称叫"人工多功能性干细胞"，这种多能干细胞，是指体细胞经导入多能遗传基因，以及其他诱导因子的作用下进行基因的重新编排，从而得到拥有与胚胎干细胞相似的分化潜力的干细胞。

这些医学概念听起来有点玄乎，不好理解。我们说得通俗一点，iPS细胞也属于干细胞的一种，但是属于高级版，因为通过基因的重新编排，这种细胞具有跟你生下来时带有的胚胎干细胞相似的分化潜能，并能产生出一种诱导性，可以进行定向的干细胞治疗。也就是说，iPS细胞是可以再生的。不像一般的干细胞，今天注射进去100万个干细胞，把脸上的皱纹弄平了，但是过了半年，皱纹又开始出现了，因为注射进去的100万个干细胞只剩下50万个。等过了一年，脸上的皱纹比过去还糟糕，为什么会出现这样的问题？原因很简单，注射进去的干细胞没了，因为它不能像iPS细胞那样可以自我繁殖，也就是"再造"。

日本医学研究成果显示，使用iPS细胞可以再造人体器官，补充、修复人体受损器官和组织。譬如说，你的肾脏坏了，你可以使用由自身细胞培植出来的iPS细胞再造一个肾脏换上去，而不需要等着别人捐给你。再譬如，你发现自己脸上有了皱纹，那就用iPS细胞修复自己的肌肤，让60岁的老太太变成18

岁的小姑娘。

我突然担心，日本的资生堂化妆品公司会因为iPS细胞修复技术的广泛应用而没有了生意，这是一句笑谈。

发现这一基因重新编排机制的科学家，就是日本京都大学教授山中伸弥，他因为这一重大发现而获得了2012年的诺贝尔医学奖。他接到获奖通知电话时，正在家里修洗衣机。

在日本，京都大学的综合排名仅次于东京大学，位居第二。日本人喜欢说这么一句话：关东有"东大"，关西有"京大"，这"京大"指的就是京都大学。

日本18年间获得18个诺贝尔奖，其中医学奖和化学奖的获得者大多数是从京都大学毕业，或者在京都大学工作过。因此，京都大学成为日本未来医学研究的核心基地，也是全世界最为瞩目的尖端医学研究高地。

帕金森病的iPS细胞治疗，就是京都大学的医学专家们实施的。

这不是日本第一次使用iPS细胞治疗疾病。早在2014年，一名70岁的日本女患者就成为全世界第一例接受iPS细胞移植手术的"幸运儿"。日本理化研究所的研究小组在当年9月，利用能发育成多种细胞的iPS细胞制成视网膜细胞，并成功地移植到一名渗出型老年黄斑变性女患者的右眼中。这是世界首例利用自身的iPS细胞完成的移植手术。

2017年2月，大阪大学与京都大学、理化学研究所、神户中央市民医院4家机构，联合实施了一次使用他人的iPS细胞转换为视网膜细胞的手段，对5名患有黄斑变性眼疾的病人施行了手术，让他们得以重见光明。

京都大学iPS细胞研究所还与武田制药等日本医药公司合作，在2015年通过用iPS细胞制成的肾脏细胞，成功治愈了急性肾功能不全这一重大疾病。目前，医学专家们正在做进一步的研究，希望让肾透析成为历史。

今年9月，日本科学家们做了一件听起来非常科幻的事情——他们成功地在人类血液中制造出未成熟的卵细胞。京都大学教授齐藤通纪的研究团队称这是iPS细胞研究的一个新突破。因为这一突破可能意味着某一天婴儿可以在实验室里诞生，而这一切只要用婴儿亲属的身体组织或血液就可能实现。

京都大学的研究小组在这之前，已经利用干细胞制造出了老鼠的卵细胞和精子。不过眼下这种方法制成的卵子还不太成熟，它们无法受精。研究小组表示，这为婴儿的出生打开了一扇新的门，让他们通过用在世或已故亲属的遗传物质诞生在这个世界上。这项研究将为那些不孕不育的夫妇或同性伴侣提供一种拥有自己DNA的孩子的新方法。

接下来，研究人员将开始研究如何制造出具备受精能力的卵子。

东京大学也不甘示弱，他们的研究小组把iPS细胞制成的数万个胰岛密封到极细的小管中，再植入3只患有糖尿病的小猴子体内。结果几天后，3只猴子的血糖降至正常值，而且直到20天后仍然保持正常。研究小组计划5年后开始为糖尿病患者进行临床移植试验。

对iPS细胞进行研究的，不只是京都大学和东京大学，日本全国主要的大学都在从事这方面的研究，而且日本各大医药公司也积极参与，日本的目标，是要成为世界再生医疗大国。

那么，除了上述这些研究成果之外，日本在iPS细胞研究中，还取得了哪些最新的成果？

首先是大阪大学的研究团队利用iPS细胞制作的肝细胞进行移植，成功改善了患有肝脏疾病小鼠的症状，下一步有望应用于肝硬化等肝脏疾病的人的再生医疗。

庆应大学心内科教授福田惠一研究团队将由iPS细胞转化来的心肌细胞培养成直径约0.2毫米的细胞团，然后将约1000个细胞团注射到扩张型心肌病与充血性心肌病患者的心脏内，以期达到治愈的目的。这一团队已经将临床研究计划书递交日本厚生劳动省审批。

另外，庆应大学的神谷和作副教授带领的研究团队，成功用iPS诱导分化出内耳间隙形成细胞，将有望治疗遗传性耳聋。

京都大学江藤浩之教授的研究团队在今年9月，已经向厚生劳动省递交了基于iPS细胞的血小板对再生障碍性贫血病人进行临床试验计划的申请。厚生劳动省再生医疗等评价委员会正式批准了该临床研究计划。这也是继顽固眼疾、心脏病和帕金森病之后，日本iPS细胞研究又成功踏进的第四大临床试验领域。

目前，日本医学界还在关注横滨市立大学为主的一个研究团队在研究培植人工再造肝脏、肾脏、胰脏、肺、心脏等器官。这一研究的核心人物，是年仅31岁的年轻教授武部贵则。

他在2018年2月还兼任了东京医科齿科大学教授，成为这两所学校历史上最年轻的教授。参与这一项革命性技术研究的，还有日本几所医学研究所和医药公司，它正在成为日本产学研合作的重大工程。

我们还注意到一个中日两国合作的新动向。

慢性肾衰竭的患者，在数月或者数年间肾的机能会渐渐衰退，最终必须完全依赖人工透析或者肾移植来维持生命。与老龄化和糖尿病相伴，全世界肾衰竭病人也在不断增加。但由于捐献的肾源捉襟见肘，绝大部分肾衰竭患者都只能依赖透析。透析相关医疗费用大概一年500万日元（约30万元人民币）以上，日本目前约有33万人正在接受透析治疗。全世界因为付不起高昂透析费而只能坐以待毙的肾衰竭患者超过200万人。

日本慈惠医科大学横尾隆教授带领的研究团队通过药物诱导，使用iPS细胞成功实现了大鼠与小鼠间的肾脏再生。消息说，中国药监当局对这项技术的临床研究表示出积极开放的态度。横尾教授称，如果这一临床研究最先在中国获得批准，将会首先得到中国临床试验的相关数据。基于这些数据分析，再在日本实施临床试验也是一种选择。2018年年内中国能够批准该临床试验的话，则一两年内日本跟进开展该临床研究的可能性极大。

但是，我们注意到，再生医疗关联技术涉及领域广泛，试剂、细胞培养和分离装置、生产工艺等，想在短时间内实现也不那么简单。虽然京都大学iPS细胞研究所所长山中伸弥教授持有iPS细胞发明的基本专利，但是从血液中制取iPS细胞的重要技术之一的专利则由一家美国公司先行获得，就是后来被富士胶片收归旗下的CDI公司持有。2016年富士胶片将该技术在日本的专利权也纳入囊中。为此，京都大学iPS细胞研究所向政府监管部门递交了异议申辩书。

高品质细胞的高效制备是iPS细胞产业应用的关键所在。如果所有应用者都首先要向富士胶片支付奇高的巨额专利授权费，那么必然对iPS细胞产业孵化造成不可承受之重。鉴于此，山中教授希望压缩富士胶片的授权费。尽早将日本技术推向医疗应用是日本学界和产业界双方的共同心愿。异议申辩的最终结果迟迟未出，双方都意识到如此僵持下去不是办法，所以在庭外进行了谈判。2018年6月，双方达成了协议：不管异议申辩书的审理结果如何，都会通力合作。

iPS细胞产业化之路本来就崎岖不平，在关键时刻，日本研究者、专利拥有者以及设备制造者，还是采取了抱团求发展的方式，一起来为人类最终攻克各种大病难病贡献力量。我们相信，iPS 细胞的研究在未来几年内一定能够获得突破性进展，日本在这一领域已经走在了世界的前列，中国也在努力之中。世界各国如果能够开展通力合作，人类将会变得更加健康长寿。

除了在可再生的 iPS 细胞领域日本领跑世界，在使用免疫细胞治疗癌症这一领域，日本也取得了令人惊喜的成果，使得人类彻底克服癌症堡垒变成了可能。

获得 2018 年诺贝尔医学奖的本庶佑教授，在使用免疫细胞进行临床试验的问题上，已经取得了可喜的成果。

20 多年前，本庶佑教授一直在思考一个问题，那就是人的躯体中，癌细胞往往只有一点点，而身体中的健康细胞却是一大片。但是即使如此，当一个人患了癌症，为什么身体中这么多的健康细胞就不能把这些癌细胞杀死，反而是癌细胞在身体内横冲直撞，最终扩散到全身，把一个巨大的身体吞噬呢？

经过长时间的研究，本庶佑教授终于发现，癌细胞和人体的健康细胞之间相互碰撞以后不会产生融合，也就是健康细胞无法消灭癌细胞，是因为癌细胞外面裹了一层特殊的蛋白质。这一重大发现，令本庶佑教授十分的兴奋，于是与大阪的一家中型医药公司合作，研发出一种可以剥离癌细胞蛋白质的新药，这款新药可以把这个蛋白质剥离，从而使得健康细胞可以对癌细胞发动进攻，最终把癌细胞消灭掉。现在这款新药已经开始出售了。到2018年10月，日本2万多患者使用了这款新药以后，总有效率达到40%，其中对于黑色素瘤、喉头癌等的效果比较明显，总有效率达到了60%以上。

本庶佑教授自然不满足于目前这一结果，他希望今后人们可以像治疗感冒一样，吃几片药打几针就可以治愈癌症。所以，本庶佑教授将诺贝尔医学奖的奖金拿出来，并且将自己未来的专利所获全部捐出，凑了1000亿日元，相当于60亿元人民币，以个人之力设立了一个医学研究基金。他表示，自己年纪大了，也许完不成彻底攻克癌症堡垒的任务，但是年轻的医学专家们有希望去完成这一艰巨任务，因此他设立这一基金，让年青一代去完成这一神圣使命。

本庶佑教授的决断，让我想到了两个字——伟大。人类也许在不远的将来，本庶佑教授说的是10年内，可以攻克癌症堡垒，就像50多年前，人类完全攻克肺结核病一样。所以，安倍政府说出"人活100岁"的生活目标，并非天方夜谭，而是有科学依据的。一个人的某一器官一旦可以利用 iPS 细胞实现再生，那么，即使到老，他身上的器官通过更换还可以继续保持青春活力！"人活 100 岁"自然不是笑话，而会成为现实。

日本的再生医疗研究，大部分的项目还在临床试验阶段，试验期一般为 3 年。也就是说，到 2022 年，日本的医疗会进入一个全新的时期，日本人不仅可以因此延长寿命，更为重要的是，再生医疗将会成为日本的一大新兴的支柱产业。中国必须跟上，如何跟上？就仰仗今日在座的各位专家的努力。

07 | 日本氢能源到底发展到了什么水平

东京奥运选手村要在2019年年底前建成,世界上第一个氢能源社区在东京湾诞生。这意味着,日本已经开始了氢能源建设的时代。氢能源从汽车动力源起步,最终变成一个国家基础设施的重要组成部分,日本的这种创新,引领了世界。

自从2018年5月,李克强总理访问日本,在北海道参观了丰田汽车工厂的氢能源汽车之后,"氢能源"成为中国社会,尤其是产业界关注的一大热点。因为李克强总理在丰田公司的这辆新能源车前停留了40分钟,而且还皱了不少次眉头。

后来我专门去丰田汽车公司采访,并试驾了这辆氢能源汽车,发现丰田汽车公司为人类的环保事业做出一个重要的贡献。这辆被命名为"未来"的氢能源车，目前的年产量为3000辆，需要预订一年多才能拿到车。2020年后，年产量将会增加到3万辆。

这辆"未来"号氢能源车目前在中国国内还没有正式销售，但是在江苏常熟市的丰田研发中心已经有一辆，在进行适应性测试。

2018年11月，我参加了丰田社长的一次记者会，他在记者会上说了一句话，给我很大的启发。他说，汽车诞生已经一百多年，从一辆时速只有几千米的交通工具发展到如今时速可以达到300千米，甚至更快的大众化生活用品。那么接下来的一百年，汽车应该以一种什么样的形态存在于我们的人类社会？这是我们需要认真思考的问题。面向未来，我们必须赋予汽车新的内涵，这是丰田汽车公司的历史使命。

听完丰田社长的话，当时我并没有感觉到丰田公司有什么大手笔，只是觉得丰田推出的这辆氢能源汽车为人类提供了一种取之不尽又零排放的纯清洁能源，这是一个伟大的贡献。

其实，丰田公司早在1992年就开始研究氢能源，并在2014年推出了第一辆氢能源汽车，开始在北美地区、零下40摄氏度的北海道最北端的严寒城市以及非洲高温地区进行试验。经过不断的完善，2016年，第一代氢能源汽车正式投放市场。作为一家民营企业，花费20多年的时间，致力于一项环保新能源汽车的研发，投入的精力和财力是可想而知的。但是当第一代氢能源汽车正式投放市场后，丰田汽车公司却宣布，氢能源汽车的专利将完全公开，将这项汽车能源的革命性成果让全世界共享。

我驾驶了这辆"未来"号氢能源汽车，它好在哪里？

第一，在于它的环保性。说起来，氢能源汽车的动力原理很简单，就是车载氢气与空气产生反应生成动能，而氢气与氧气生成的是水（H_2O）。也就是说，氢能源汽车排放的不是尾气，而是一杯水，绝对的"零排放"。

第二，在于它的便捷性。氢能源汽车上有两个气罐，只要3分钟时间，就可以充满气，而且可以行使650千米。根据目前日本氢气的价格，如果汽车加满气的话（11.5千克），它的价格是4600日元，相当于280元人民币，比汽油的价格还便宜。如果氢能源汽车和加气站得到普及的话，氢气价格还要便宜。丰田汽车公司人员解释说，汽油的价格将会随着石油价格的波动而波动。但是氢气的价格不会波动，而且只会越来越便宜。

第三，在于它的创新性。"未来"号氢能源汽车作为一个移动电源，当发生停电问题时，它的后备箱有个电源连接口，可以将车载的电源连接到家庭电源中，保证一户家庭一个星期的用电所需。

第四，汽车没有发动机，只有一台启动马达。因此，车盖与车尾不会发热，车内不会有发动机产生的异味。

有些读者朋友曾经在我的微信公众号"静说日本"上留言，担心氢气的气罐会发生爆炸，氢能源汽车会变成一颗氢弹，这种担心显然多余。别的不说，丰田汽车的这个储存压缩氢气的气罐，采用了多种特殊新材料制作而成，包括碳纤维材料，并进行了2万多次各种情况下的冲撞实验，没有发生漏气与破损问题。同时，气罐的气口安装有特殊的反锁装置，一旦车内的气体检测仪检测到漏气，气口会立即反锁，以防止气体泄漏。

下面，我们来回顾一下手机的成长过程。手机原来只是一个无线通信工具。但是，现在的手机不只是一个通信工具，更是具备了一台掌上电脑、信息终端机、小型电视机、电子货币支付工具、智能家电设备遥控器等功能，所以我们已经很难对"手机"这一名称作出一个准确的定义。

同样，我们来看汽车。如果说，丰田第一代氢能源车只是零排放的环保车的话，那么，第二代汽车就已经演变成了一辆"能源车"！

这个"能源车"是个什么概念呢？

迄今为止，在我们的印象中，汽车是一个能源消耗品，也就是说，它烧汽油、柴油，或者至少需要用电。但是第二代氢能源汽车，它不再是一个能源的消耗品，而是一个能源的供应者。为什么汽车会成为能源的供应者？丰田汽车公司的构想是，当你驾驶第二代氢能源汽车下班回家后，汽车停在家门口，就可以通过无线供电系统，用汽车的电力瞬间点亮家里所有的照明，并启动电器设备。也就是说，家里没有固定电源也可以。

同时，它的后轮胎具备了无线供电的功能，也就是说，两辆汽车之间可以通过无线输送的方式，实现相互供电。还可以给马路上的信号灯供电，以后举行野外音乐会，有几辆氢能源汽车，就足够提供几万人狂欢的需要。

从几个技术人员的私下琢磨到上升为公司的战略，再完成氢能源汽车的量产化，整个过程，丰田汽车公司耗费了20多年的时间。到2014年10月末，获得的技术专利多达5000余项，投入的研发经费当然不是一个小数字。但是，丰田汽车公司决定将5000多项技术专利向全世界公开，希望更多的汽车制造商一起来推进这场汽车能源大革命，让地球的天更蓝，空气更清新。

氢能源汽车已经不只是一个交通工具，而已经成为分布式电源，一个拥有巨大能量的"移动宝"，它将作为一个移动发电站成为社会基础设施的一部分。丰田汽车公司也从一家汽车制造商华丽转身为新能源供应商。

这就是丰田汽车公司在迎来新时代时，提出并实践的一项伟大的汽车革命。

丰田公司提出的第二个概念，就是氢能源合成装置（中国称之为"电堆"，丰田称其为"燃料电池"）可以永久使用，不会像锂电池汽车那样，随着汽车的老化而对环境构成污染。丰田的这种"燃料电池"因为只是一个氢气与空气的合成装置，因此，在汽车使用若干年之后需要报废时，这块"燃料电池"可以取出来，安装在新的汽车里使用。所以，氢能源汽车的这个燃料电池不会造成环境污染，这个技术与理念要比我们现在使用的电动汽车的锂电池先进很多倍。丰田公司把它称作"可以为未来发电"的燃料电池。

氢能源是一个永恒的能源，因为它可以用太阳能、风力、地热等各类一次性自然能源来生产。丰田公司的愿景,就是要推动人类社会进入一个完全清洁没有污染的氢能源时代。

目前,这辆"MIRAI"车的售价是720万日元(约46万元人民币),政府补贴300万日元,个人实际只需要承担约30万元人民币。日本政府的目标是,到2025年,将氢能源汽车的售价与混合动力汽车的售价持平,也就是将价格控制在300万日元左右。这样一来,即使政府不补贴,一辆车的实际价格也会降至20万元人民币左右。

以上我跟大家聊的是第一代氢能源汽车,丰田汽车公司已经宣布,将在2020年年底前推出第二代氢能源车。

现在,我们来看看丰田公司即将推出的第二代氢能源汽车到底具备了哪些颠覆我们常识的新概念和新技术。

第二代氢能源汽车新增加了自动驾驶、非接触性输电、车窗玻璃的液晶显示屏等人工智能与物联网等功能,在满罐状态下的行驶距离将达到1000千米,比第一代增加30%的续航能力。

对于日本企业来说,氢能源的研发与使用,不只是一个技术与生产的问题,更重要的是形成全社会的产业链。打造这一产业链,日本企业已经花了5

年左右的时间，从液化气的进口（国际商社）、氢气制造加工储存（岩谷产业等公司）、氢能源汽车的制造（丰田等）、高压气罐的研发制造（三菱重工等）、汽车与气罐新材料的研发生产（东丽公司等）、氢气运输车运输船的研发制造、高压氢气的安全运输、加氢站的建设与普及、氢能源汽车的销售与售后服务等，整个产业链的完整构建，才确保了丰田氢能源汽车在2016年正式投放市场。

目前，氢能源汽车是在爱知县丰田市的元町工厂生产的，现在的年生产能力为3000辆，平均每月为250辆，属于半手工制造，成本偏高。新车需要预订，一年后才能交车。2018年全年的实际销售量为2400辆。

丰田汽车公司正在建设新的自动化生产线，并扩大燃料电池（氢氧合成装置）与高压氢气罐的生产能力，计划在2020年投产，生产能力将提高10倍，实现年产3.6万辆的目标，并以此大幅降低生产成本，实现与混合动力车同价，开启氢能源汽车普及时代。

但是，日本政府显然不满足于将氢能源只用于汽车制造上，而是要把氢能源作为国家基础能源的一个重要组成部分，逐步取代核电和火力发电。

日本政府在2019年4月发布了《第五次能源基

本计划》。在这个计划中,日本政府将氢能源汽车的数量计划从2020年的4万辆,增加到2025年的20万辆。到2030年,氢能源汽车的普及数将达到80万辆。

根据计划,到2030年,丰田汽车公司一年的生产结构比例为:电动车550万辆,混合动力车和插电混合动力车450万辆,氢能源、EV等新能源车为100万辆。而丰田公司最终目标是要在2050年,挑战"新车CO2零排放"目标,为阻止地球温暖化做贡献。

除了丰田汽车公司,本田汽车、日产汽车和铃木汽车公司也开始着手氢能源汽车的研发生产。预计到2030年,日本国内的氢能源汽车的年生产量将会达到200万辆,占国内汽车年销售量的30%左右。

目前,丰田汽车不仅生产氢能源轿车,还生产氢能源公交车、氢能源重卡运输车,并已经投入使用。2017年开始,标注有"H2"(氢能燃料)标志的丰田氢能源公交大巴已经在东京、名古屋等城市的街头投入使用。目前全国的氢能源公交车的数量只有100辆,计划到2030年,增加到1200辆。对于拥有23万辆公交车的日本来说,一年只增加12辆公交车,这一速度显然过于缓慢,因此,如何鼓励其他的汽车制造商也一起参与氢能源公交车的制造，让氢能源公交车逐步替代现有的汽油和电池公交车，对于日本政府，也是一个很重要的课题。

氢能源汽车的普及速度，还取决于加氢站的普及量。目前，日本全国加氢站有100个，其中东京有14个。根据日本政府的计划，到2025年，全国的加氢站要增加到320个。

为了实现上述目标，如何降低氢能源的成本是日本政府和企业在认真考虑的问题。在《第五次能源基本计划》中，日本政府提出了打破制度壁垒、强化技术综合研发、官民一体推进氢能源普及的国家战略。具体的目标与要求是，将氢气的价格降到汽油价格的80%、氢能源汽车要实现规模性的量产化。进一步提高发电效率，一次充气后的续航能力要从目前的650千米延长到1000千米。同时要努力寻求燃料电池的小型化，让氢能源电池进入家电产品当中。到2025年，要生产出面向各行各业的各种特种车辆，譬如消防车、工程机械车等都要采用氢能源作为动力源，逐步提升氢能源车在整个汽车销售量和拥有量中的占比，以此来确保加氢站的稳定收益，降低加氢站的运营成本，形成良性的、可持续发展的氢能源产业链。

日本政府还开始推进船舶的氢能源化，充分利用氢能源动力的静音性强的特点，研发生产出船用氢能源动力系统，首先用于游览船、渔船、摩托艇等小型船舶上，不仅有利于提升这些船舶的续航能力与安全性，也可以减少船舶柴油动力对于海洋的污染。

在铁路系统领域，JR 东日本铁道公司已经开始参与氢能源列车的研发。除了研发氢能源动力系统之外，还计划在主要车站设置大型加氢站，提升列车加氢的速度，让氢能源逐步取代目前的电力系统。

日本宇宙航空研究开发机构正在实施一项大胆的计划，研发氢能源的有人月球探测车。不远的将来，让人类驾驶氢能源车在月球上行驶。

日本还在研发分散型氢能源发电机组，第一要实现与火力发电站的混合发电，第二要成为大型的移动发电站。

日本政府在普及氢能源的计划中，其实最值得关注的还有一点，那就是让氢能源走进普通家庭。

到 2019 年 3 月，日本已经有 23 万户人家安装了氢能源燃料电池（PEFC）。氢能源电池的价格，也由当初的一台 300 万日元降至 95 万日元（约 6 万元人民币）。日本政府计划在 2030 年让氢能源燃料电池走进 530 万户人家，使得全国有 20% 的家庭用上氢能源。

这种氢能源燃料电池具备三大功能：第一，为家庭提供所有的电力，也就是说，自己家里就有一个发电站；第二，燃料电池在发电过程中产生的热能，可以转换为家庭中热水、洗浴、水热地暖的供热；第三，富余的电可以出售给电力公司。

现在，日本已经在面临东京湾的月岛，开始建设第一个氢能源社区——东京奥运会选手村。

整个社区由2座塔楼和21栋裙楼以及服务设施、海滨公园等组成。2020年7月，东京奥运会开幕时，这里将成为各国选手居住的"选手村"。奥运会结束后，建设公司将对选手公寓进行改造和维修，使之成为一个新型社区，所有公寓向东京市民出售，可以容纳5200多户人家，形成一个1.3万人左右的大型社区。

这个选手村的每一套房子，均采用家用氢能源燃料电池作为家庭的基本电源。同时在社区内建设一个大型的加氢站和氢气管线管控中心，通过管线直接将氢气输入到各户家庭的燃料电池中，使得燃料电池成为永久性的发电系统。另外，社区内的所有商业设施和路灯的用电，也将使用氢能源，社区内的巡回巴士也将使用氢能源。

东京奥运选手村将在 2019 年年底前建成,世界上第一个氢能源社区在东京湾诞生。这意味着,日本已经开始了氢能源建设的时代。氢能源从汽车动力源起步,最终变成一个国家基础设施的重要组成部分,日本的这种创新,引领了世界。

08 | 日本如何强化产学研一体化实现科技创新

日本产学研一体化之所以能够获得成功，日本的专利转换率之所以能够创下世界第一，最关键的因素，是他们放弃了小农经济思想，不以耕种自己的一亩三分田为荣，而是打破国立与私立、大学与企业、政府与民间之间的阶层壁垒，以日本人特有的团队合作精神，站在一个为人类创造美好未来的科研与道德的制高点，通力合作，共享成果，而不是以各自的利益获取为第一合作条件。这就是日本科技创新力的源泉！

能够到中国科学院来做一次讲演，是我的荣耀，感谢自动化研究所的邀请。

中国每年在科研经费上的投入，已经超过了日本，这与我们国家的综合国力的强盛是分不开的。但是，这么多经费的投入，我们还没有产生诺贝尔物理、化学奖的获奖者，在许多的基础领域与尖端技术研究上还没能引领世界，这是我们需要思考的一个问题。

2018年3月，全国政协委员、中国科学院大连化学物理研究所所长刘中民先生在两会期间递交了一份提案，希望能够建立一个能源领域的国家实验室。他说，因为受到体制机制的限制，目前我们中国的科研机构没有形成成套技术的能力。科研与产业发展始终存在着"两张皮"的现象。因此，他建议："我们需要全新的从顶层设计出发的科研组织机构，将原始创新快速转化为现实生产力。"

我当时写了一篇文章，说："根据我的理解，刘所长提出的这个设想，其实就是一个产学研一体化的构想。"

如何把大学和科研机构的研究成果尽可能快地转换为应用技术和产品，是产学研一体化所要解决的问题。中国在过去十几年，也一直在探索这个问题，不少大学办起了科技公司和产业基地，就是这种探索的实践。但是，"肥水不流外人田"的小农经济思想阻碍了科研成果的快速转换，因为许多时候，大学和科研机构并不具备将科研成果转换为应用技术与产品的能力，即使成立科技公司，也不具备专业企业那样完整的产业链转换能力。其结果，教授和科研人员捧着专利自我欣赏，而企业捧着钱到处找技术，二者之间无法构建起一种相互信任与合作的机制，许多科研成果因此变成了保险箱里的废纸。

日本在过去也面临过同样的问题。为了解决这个问题，日本政府在2000年就出台了一系列政策，鼓励大学尤其是国立大学与民间企业合作，将研究成果奉献给社会。那么，日本是如何实现产学研一体化的呢？

这几年，全世界有一个话题，那就是中国的专利申请数量已经超越美国和日本，名列世界第一。但是，一个严峻的事实是：中国专利的转换率只有10%，而美国达到70%，日本更是达到80%。

为什么日本的专利转换率能够达到这么高的水准？有以下三个基本原因。

一是日本人天生的性格是追求极致完美，做事严谨、执着、精益求精。当自己认为技术还不够完美时，绝不会拿出手，因此，专利的质量很高，可开发可应用性强。

二是在技术研发方面，日本有三个指标名列世界前茅：研发经费占GDP的比例居世界第一；由企业主导的研发经费占总研发经费的比例居世界第一；

核心科技专利居世界第一。

三是产学研一体化做得好。大学与科研机构从研究阶段开始就与企业紧密协作，使得众多的科研工作都是有目的地在实施，并能够迅速转换为实际成果。

正因为有这三个原因，使得日本的科研成果不仅能够迅速地转换成产品，同时几乎可以做到发明一项，应用一项，以减少科研经费的浪费。

日本的产学研一体化，是从2004年正式开始实施的。这一年，日本国会修改了《国立大学法人法》，将所有的国立大学法人化，并将大学的使命在"教育""研究"之上加上了一项新任务，那就是："研究成果的社会还原"。这里的"研究成果的社会还原"是指通过将大学创造出来的科研新成果应用到社会，使其产生出经济价值和社会价值，在创造社会活力的同时，形成对下一个创新活动投资的良性循环。

那么，日本是如何实施产学研一体化呢？

第一，日本建立了产学研合作的顶层设计集团。这个顶层设计集团，叫作"产学官合作首脑会议"，这个平台是在2001年开始成立的，由产业界、大学、研究机构、中央和地方政府的首脑组成，首脑会议每年举行一次，首脑们聚集一堂，围绕强化、推进产学官合作，站在产学官各自的立场交换意见，并将这些意见反映在政府的具体政策制定上。

顶层设计的第二个层面，是建立产学研合作推进会议。这是业务层面的产学研合作平台，从2002年开始实行。全国负责产学研合作的第一线的管理者、研究者等，针对具体的课题进行对话协商、开展信息交流和成果展示。另外，这个会议还对产学研合作中的优秀事例进行表彰，实施"产学研合作功劳者表彰"活动。

第二，建立开放的共同研究中心。这是在大学里设立的以推进产学研共同研究为目的的核心设施。共同研究中心除了提供研究场所和条件外，还进行技术研修、技术咨询、研究信息提供等各种活动。

1987年，日本政府下令在各国立大学设立共同研究中心，随后在一些私立大学里也开始设置。这个研究中心的最大好处就是向全社会开放，企业技术人员也可以进入这个中心，与大学教授和其他研究人员一起从事某一技术和科研项目的研究。同时，大学的研究人员也可以到其他的研究中心使用科研设备，组建共同的研究小组。譬如，私立的早稻田大学的教授，可以跑到国立的东京大学，与东京大学的教授一道，利用东京大学的科研设备一起从事共同研究。

这样一来,从事同一课题研究的各行各业的科研人员,就可以集中在一个研究室里,组建成攻关小组,在短时间里取得优秀的成果,而不是各种各的自留地,同行之间实行技术封锁。

又如,丰田汽车公司、NEC公司将新能源的各种设备搬进了千叶大学的实验室,与大学展开共同研究。

这个共同研究中心不断研发出世界领先的科研技术。最近开始进行临床治疗试验的脊椎神经细胞修复治疗瘫痪技术,就是由私立的庆应大学与国立的京都大学的教授们一起合作研发的。

第三,企业与大学、研究机构的合作研究。产学研合作研究是将大学具有的研究能力,与企业的技术开发力量结合起来进行的开发研究。最常规的合作模式,是大学接受来自民间企业等外部机构的研究人员和经费,大学教师和民间研究者以对等的立场,根据契约关系共同进行课题研究。经费的负担根据约定来决定,通常大学负担设备和设施的维护、管理费用,民间企业负担直接研究经费。有时日本政府的文部科学省也会给予适当补助。取得的研究成果、发明专利等通常由国家和民间共有。这种研究称为"共同研究"。

譬如，京都大学不仅是日本，也是全世界研究iPS细胞的高地，尤其是诺贝尔医学奖获得者山中伸弥教授领导的研究所，更是全世界再生医疗领域的最尖端的研究基地。攻克帕金森病、老年性黄斑失明疾病堡垒的技术，都来自这个研究所。如何将这些研究成果转换成药品？研究所自然缺乏技术开发力量和经验，于是，日本最大的制药企业——武田制药公司，每年会提供10亿日元（约6000万元人民币）的研究经费，派遣技术与药品研发人员进入京都大学的研究所，与山中教授的团队一起开展合作研究。而山中教授的助手，并不是一些博士、硕士研究生，而是来自各个大学的iPS细胞研究的教授，虽然同为教授，但是他们甘愿在山中教授的研究所里充当研究助理，在山中教授的领导下，从事iPS细胞的新领域、新技术的研发。

产学研合作研究的另外一种形式，是"委托研究"。委托研究是大学接受企业或国家机关、地方政府的委托进行公务研究，然后通过向委托者报告成果内容的一种合作形式。这里的"公务研究"是指建立在大学教师本来的研究基础上的研究。委托研究的成果或发明专利一般情况下归国家所有。

值得一提的是，日本绝大多数的大学对教授们的科研成果不进行一年一度的定期考核，更不会与其个人的评级与待遇挂钩，因为基础科学研究是一项长期性的工作，往往需要5年甚至10年的时间，要在一年中拿出有质量的研究成果或发表核心论文，容易造成科研的浮躁。"让教授与科研人员安心搞研究"，也是日本产学研机制中的一项重要原则。

第四，各个大学成立知识财产本部，作为开展产学研合作研究的对外合作窗口。这种机构设置是从2003年开始的，根据日本政府的要求由各大学的副校长担任本部长。主要业务内容包括知识财产、政策等各种规程的建设以及确保从事知识财产活动人才的组织体制的建设，目的是为了构建和强化产学研合作体系，将大学的研究成果更好地转换为应用技术与产品，造福社会。

第五，举办大学科研成果展览会。这项活动是大学和公共研究机构将各自拥有的最尖端技术，向产业界进行宣传的大型活动，被称为"创新日本活动"。这项活动始于2004年，由日本政府的科学振兴机构（JST，类似于中科院）负责主办。展览会期间，举办大学和产业界的研究者讲演，新技术说明会及关于大学创办创新型企业等情况的介绍，目的就是要让企业了解大学与科研机构的最新研究成果，搭建起双方开展产学研合作的平台。

从上述的介绍中大家可以发现,日本产学研一体化之所以能够获得成功,日本的专利转换率之所以能够创下世界第一,最关键的因素,是他们放弃了小农经济思想,不以耕种自己的一亩三分田为荣,而是打破国立与私立、大学与企业、政府与民间之间的阶层壁垒,以日本人特有的团队合作精神,站在一个为人类创造美好未来的科研与道德的制高点,通力合作,共享成果,而不是以各自的利益获取为第一合作条件。这就是日本科技创新力的源泉!

日本有一个专门主管产学研一体化的政府机构——独立行政法人机构——日本科学技术振兴机构,英文表示为"JST"。

科技大国的日本,居然没有科技部。日本的科技部是与文化部、教育部混同在一起,叫作"文部科学省",在这个省的下面,设置了一个"科学技术厅",按照我们中国的概念,就属于"副部级"单位,具体分管科技政策与科研预算的制定。而日本科学振兴机构就是文部科学省的直属机构。

日本科学振兴机构做什么工作呢?就是根据国家的科研目标与任务,通过科研人员的自我申报和国家科研目标的政策性指南,在全国范围内选定合适的科研组织和科研人员,给予中长期的科研经费的支持,支持的项目基本上都是基础性研究项目,研究时间最长可以超过10年,每年最多可以给予数十亿日元(数亿元人民币)的资助。而对于资助项目的选定,不是由政府官员来选定,而是由同行的专家们来选。专家们认为这一科研项目有潜力有前瞻性,那么就可以决定予以资助。

十多年前,京都大学医学部有一名教授,叫山中伸弥,他研究一种万能干细胞,叫"iPS"细胞。研究这一细胞需要大量的科研设备,还需要一批研究人员,许多人对于干细胞本身就不看好,对于更高一层的"iPS"细胞,更觉得是天方夜谭。

山中教授在研究经费不足的情况下,向日本科学振兴机构提出了资助申请报告。当时的理事长叫冲村宪树,听了有关情况的介绍后,请了几位国内顶级的医学专家进行评估,专家们认为,这一研究还是很有价值的,万一成功的话,可能会改变人类的生存方式和大幅延长人的生命。

于是,日本科学振兴机构就开始了长达10年的资助计划,源源不断地向山中教授输送科研经费。山中教授夜以继日不断奋进,取得的科研成果获得了国际医学界的高度好评,2012年,山中教授获得了诺贝尔医学奖。

在山中教授获得桂冠之后,日本科学振兴机构退出,而武田制药公司等日本著名药厂开始出资支持山中教授的研究成果的商品化和市场化。

如今,由"iPS"细胞研究所催生的"再生医疗"正在成为引领日本未来发展的三大产业支柱之一。而日本利用"iPS"细胞再造人体器官,使得日本开始进入了"人体器官坏什么换什么"的时代,"人活100岁"已经不再是梦想。

2014年,诺贝尔物理学奖得主的贡献是发明了一种高效而环保的光源——蓝色发光二极管(LED)。

1962年,通用电气公司的尼克·何伦亚克开发出第一种可实际应用的可见光发光二极体。但是红光绿光LED能量低,又缺白光,实际用途非常有限,哈佛大学等一些顶级的学术研究机关都投下大量的人力物力做研究,希望能够发明出一种蓝光,因为有了蓝光就能够拼出白光。但是努力了30年,始终未能发现蓝光。正当国际物理学界放弃这一努力的时候,日本日亚化学工业公司的电子工程师中村修二却通过5年的努力研发出青色发光二极管(LED),那一年是1993年。

中村修二是一位自学成才的科学家,出身普通渔民家庭，考试能力也平平，上了日本三流大学——德岛大学，而德岛大学还没有物理系。

如何将这项技术转化成产品，中村同样遇到了问题。2002年，已经担任日本信州大学客座教授的中村与赤崎勇、天野浩两位科学家一起，同时研究"青色发光半导体设备"。在研究经费短缺的情况下，中村修二、赤崎勇、天野浩向日本科学振兴机构提出了资助研究申请。没有想到，在初选时，这一项目就被枪毙。但是，一位名叫石田的年轻职员看到了这一申请书，觉得这一项目很有前途，于是他特地跑去见了这几位科学家，一听介绍，立即跑回来把申请书从档案库里重新调回来。

于是，改变世界光源，更是催生人类节能的重大发明，就在日本科学振兴机构的资助下诞生了。2007年1月，世界首次的无极性青紫色半导体激光开发成功。如今，LED灯已经走入普通人家，并被应用到各种仪器设备的照明上。

由于全球电力近1/4都用在照明上，一般的白炽灯只可用1000小时，荧光灯也只能用10000小时，而LED的使用寿命可达10万小时，地球资源可以得到大幅节约。同时由于LED灯所需的能量较低，廉价的太阳能就能给LED灯供能，因此对于全球15亿无法获得电网供应的人们来说，日本的这一项发明，给他们带来了福音。

2014年，诺贝尔物理学奖授予了中村修二、赤崎勇、天野浩这3位日本科学家，而他们去瑞典领奖时，特地带上了已步入中年的石田先生。

2018年10月1日晚，京都大学本庶佑教授在自己的研究室里与助手们一起讨论论文时，接到诺贝尔奖评审委员会的电话。接完电话后，他"哇啊"了一声，助手们知道，老先生遇到好事，总会这么大叫一声。

是年76岁的本庶佑教授研究免疫学，他获得了该年的诺贝尔医学奖。

本庶佑教授的"PD-1"基因是在1992年发现的。基本原理是：人体中最多的免疫细胞（T细胞），在与癌细胞的结合中，免疫功能无法发挥作用，这是因为两种细胞之间存在着一种阻断物质，那就是本庶佑教授发现的"PD-1"基因。只要抑制"PD-1"基因，就可以打通免疫细胞与癌细胞之间的阻断，使得人体自身的免疫细胞能够逐步吞噬癌细胞，并最终消灭癌细胞。

获得过诺贝尔物理学奖（1973年）的横滨药科大学校长江山崎玲於奈教授对于本庶佑教授的这一重大发现的评价是："为全人类最终战胜癌症做出

了伟大的贡献。"

2002年,本庶佑教授的这一研究成果在小白鼠身上得到了验证。但是,要基于这一成果开发出相应的治癌药物,难度相当大,首先是经费。本庶佑教授说,无论是政府、学校还是企业,一项科研项目所能给予的时间,一般只有5年。但是,这项研究成果从发现到变成药物,并实现临床使用,花了整整22年的时间。

本庶佑教授深知自己研究成果的意义,因此在完成小白鼠实验后,他下决心要把自己的研究成果转化为生物药品,以此来拯救癌症患者。

结果,他拿着这一研究成果找了海内外多家的制药公司,得到的都是一脸的困惑和摇头,没人能够对这一成果持完全信任的态度,因为整个社会对于免疫细胞治疗癌症的疗法持怀疑态度。

最后举手的是一家名叫小野药品工业(ONO)的公司,这家公司是大阪市的一家制药厂,这家药厂向本庶教授伸出了合作之手。2014年9月,小野药品工业公司生产的第一款抗癌药ニボルマブ(Nivolumab)获准投放市场。这款药能够激活体内原有的细胞杀伤肿瘤细胞,副作用小,目前的临床数据显示,肺癌、黑色素瘤、肾癌等7种恶性肿瘤中部分患者可以达到完全缓解,效果非常明显。

本庶佑教授的这一发现,催生了癌症治疗的免疫疗法,这是继外科手术、化学疗法、放射线疗法之后的第四大癌症治疗法,随着诺贝尔医学奖的获奖,将为全世界所公认。

小野药品工业公司称,4年来,共有2.5万名癌症患者使用了这款Nivolumab抗癌新药,其中2017年的使用了这一抗癌新药的患者:黑色素瘤患者540人、肺癌患者7300人、肾癌患者2200人、淋巴癌患者190人、头颈癌患者2400人、胃癌患者4200人,合计共1.683万人。其中也包括日本前首相、现任2020年东京奥运会组委会主席森喜朗。按照安倍首相的贺电说法:"您拯救了他的生命。"

如何让这款新药惠及更多的癌症患者?这就需要进一步的研究。本庶佑教授在获得诺贝尔奖的第二天,就作出一个决定,捐出自己全部的获奖奖金约7500万日元设立一个基金,同时将自己的专利以及今后与小野药品工业公司合作所获得的利益,全部捐给基金,最终基金金额将会达到1000亿日元(约60亿元人民币)。本庶佑教授计划,今后每年拿出40亿日元,资助40名年轻的医学研究者,以每人1亿日元(约650万元人民币)的资助额,鼓励年轻的学者们投身于基础医学研究,以发现更多的有效细胞,攻克癌症这一令人类痛苦与恐怖的疾病。

在记者会上,本庶佑教授说了一句话,他说:"我相信,到本世纪中叶,一定能够完全攻克癌症。"

2001年,日本政府在第二个科学技术基本计划中曾提出过一个"诺贝尔奖培养目标",当时的目标是"50年要拿30个诺贝尔奖"。海外舆论曾指出:"日本政府口出狂言。"到2019年为止,过去18年,日本已经拿了19个。这其中,产学研一体化机制功不可没。

我想,日本的产学研一体化的做法一定能够给中国带来一些启发,助推中国在未来10年、20年冲刺更多的诺贝尔奖。

城市 | 日新月异

09 | 日本城市建设讲究什么规则

在城市现代化建设过程中,日本首先选择的不是建摩天大楼,而是选择了发展城市轨道交通——城市轻轨和地铁。

今天很高兴,能够在东京为北京市的城市规划专家代表团讲课。我不是城市规划专家,最多是一个城市问题的观察者,所以是外行说内行的话,而且还会有废话,请大家多多包涵。

刚才与几位专家聊天时,大家问我一个问题:日本在工业化和城市化的过程中,为什么没有出现"摩天大楼"涌起甚至攀比的现象?它在城市建设中,有什么规则?

记得前几年,新华社也曾经就这一问题采访过我。每一个国家在进入经济高速发展期之后,都会碰到城市重建与扩容的问题,日本也一样。日本进入

20世纪70年代后,经济高速发展,GDP的年增长率都超过了10%,"城市再建"也成为当时日本社会的一大需要。尤其是受到美国文化的影响,许多人都崇尚纽约的高楼大厦,觉得现代化城市最好的标志就是高楼林立。但是,"高楼林立"是不是一个现代化城市发展的绝对标志?日本人并没有那么想,他们认为,适当发展一些高层建筑是需要的,因为城市的土地有限,只能往空中发展。但是,大规模建设"摩天大楼",弊端也很多。所以,在城市现代化建设过程中,日本首先选择的不是建摩天大楼,而是选择发展城市轨道交通——城市轻轨和地铁。

经济高速发展时期,日本为什么没有出现"摩天大楼"涌起甚至攀比的现象?其基本原因有以下三个。

第一,日本实施了严格的城市景观保护措施。早在1920年,日本政府就制定了一部《城市建筑物法》,明确规定最高建筑不得超过一百尺(31米)。即使进入20世纪70年代,人们依然遵循着这一"百尺规则",在东京的市中心地区不建超过10层的建筑。全日本最繁华的商业街区——东京的银座就是一个典型的例子,这一区域就规定大楼的整修不得破坏旧楼的原貌,新建建筑不得超过10层楼。这一"百尺规则"避免了城市的无序发展,事实上也限制了在市中心建设摩天大楼的可能。

第二,防地震。日本是一个多地震的国家,虽然有很好的建设摩天大楼的技术,譬如中国台湾的101大楼(世界第二,508米)、马来西亚的双子星座大厦(世界第三,452米)的施工都是由日本的建设公司承建,但是考虑到地震的因素,日本还是控制建造"摩天大楼"。

第三,受日本航空法的限制。日本航空法规定,为了飞机起降的安全,在机场周围16~24千米的范围内,禁止建设超过300米高度的大楼。这一规定,也就决定了大都市迄今为止没有超过300米的高楼,2007年建成的日本最高的建筑——横滨地标塔楼,高度就控制到296米。

也就是说,日本在工业化和城市化过程中,首先考虑的是通过建设现代化的便捷公共交通来扩容城市,促进人与物的大流动,而不是先建摩天大楼来点缀城市。

我觉得,日本的这条经验也是我们的教训。是先发展私家车,还是先发展城市轨道交通?从经济与产业发展的角度来考虑,自然是优先发展私家车。一方面,可以拉动高端制造业与消费市场;另一方面,可以满足国民对于美好生活的向往。但是对于一个城市的管理来说，这是一大灾难，因为当一个城市道路交通与停车位无法接纳这么多私家车的情况下，鼓励家家买车，不仅导致了整个城市的瘫痪式拥堵，而且也影响了城市的市容市貌，这其中产生的经济损失，却很少有人去关注。

那么，为什么在东京的新宿一带，还是出现了不少摩天大楼呢？

因为东京是日本政治、经济和文化的中心，而位于皇宫与东京车站之间的丸之内和大手町，集中了日本几大财阀的势力，因此是整个日本的经济与商业的"头脑"地区，几乎日本所有知名的银行、保险公司和国际商社以及一些老牌大公司总部都集中在那里，有日本的"CBD（中央商务区）"之称。

而位于东京都西部地区的新宿，过去一直是各地方官员和商贾来东京的门户之地，除了旅馆和小餐馆，大多是郊外农村。日本在第二次世界大战投降后，由于美军占据东京市中心的大部分商业设施和娱乐场所，东京的市民开始向新宿方向移动，从而促使了新宿地区人气的上升。歌舞伎町就是在这个背景下成为亚洲地区最大的红灯区。

20世纪70年代，日本经济处于高速发展时期，许多大公司需要建设总部大厦,但是市中心地价昂贵,开发新宿地区计划再度摆上了政府的议程。在此背景下,"新宿新都心"建设拉开了序幕。1971年,高178米、共47层的京王广场酒店落成,成为新宿地区的第一栋高楼。1991年,高243米的东京都政府双子大厦落成,标志着新都心建设计划的基本完成。目前,新宿新都心拥有30栋高度在150米以上的高楼,成为东京地区的第二个CBD,也形成了东京银座之后的第二大商业圈。

但是,进入21世纪,日本人对于摩天大楼的建设开始进行反思。首先,日本正在从消费社会向环境社会转变,摩天大楼的高能耗与环保的低效率问题正在成为环境社会建设的两大问题。其次,摩天大楼对于居住者的精神和肉体带来了很大的不利影响。再次,由于居住在摩天大楼里,居住者与周围人的人际关系以及与居住地区的交流更加疏远。最后,使火灾以及地震发生后的救助出现难题。

正因为如此,新宿地区准备建设的1栋338米高的办公楼和245米高的2栋公寓楼的计划,由于遭到周边居民的强烈反对等原因而暂时中止。

一个城市"摩天大楼"的建设,还存在与城市传统风格的关系问题。

京都就是一个很失败的例子。这座千年古都，是一座很有韵味的历史古城。但是在20世纪70年代之后的"现代化浪潮"中，也拆除了一些老城区，开始建设现代化高楼，结果古城的面貌被破坏。在此后申报世界文化遗产过程中，京都市作为一个整体的"文化遗产"未能获得批准，只是一些单体的古寺景点获批，这让京都市民感到十分伤痛，古城的旅游业也因此受到影响。虽然京都市也在努力恢复一些旧景观，但是毕竟失去了历史的淳味，让游客难以对此产生浓厚的兴趣。

而东京不是古都，是一座港口城市。所以，它是以关东大地震之后，城市开始近代化、现代化的建设。但是，东京在发展中还是遵循了一条原则：高楼的建设，基本上以不破坏城市传统风貌为前提。以银座地区为例，迄今为止还沿用着1920年制定的"百尺规则"，严格控制建筑物的高度，从而使得日本这一最繁华的商业区经过一个世纪和经济高速发展的狂热期，依然保持了传统的风情。

东京车站与皇宫之间的丸之内地区也一样，作为日本传统的中央商务区，由于建筑物大多老化，2000年开始进行大规模的再开发，但是，无论是2002年重建而成的丸之内大厦，还是此后重建的明治生命馆大楼,都原封不动地保持了原有建筑的外壳和风貌,只是在原有大楼基础上退后一步拔高建设。而新宿新都心的建设,则是选择了郊外的空地进行建设,不影响旧城的景观。

如果这几天大家到银座附近转悠的话,会发现两个有趣的景象:第一,寸金寸土的银座地区居然没有很高的楼;第二,东京车站前连接皇宫的地带,有一个宽广的穿透式空间,没有任何的建筑。为什么会有这样的景象?因为银座以及附近地区是靠近东京湾的临海地区,东京这样一座现代化的大都市,需要有一个穿透东西的通风大道,让海风能够吹拂整个城市。从150年前的明治时期开始,日本就在银座地区控制高层建筑,东京车站前建设通风道,当时在城市规划中,就考虑到了解决城市散热的问题,而且恪守这一规矩至今。

事实上,一个城市的现代化,除了建筑这些硬件之外,更重要的是整个城市管理的软件现代化,包括城市交通和城市服务,居住环境和生活与工作环境质量,发达的教育和文化,以及波及城市各个角落与地下空间的高速网络通信。

大都市如此,新农村建设也是如此。日本的现代化发展了这么多年,直到现在,我们依然可以在农村、在一些小城市里，看到20世纪70年代高仓健主演的系列电影的风景原貌。所不同的是，城市和农村的基础设施建设已经彻底改变，城市里具有的电气、4G通信，农村里都有。城市里有的购物中心、漂亮的道路、24小时便利店，农村也有。甚至农村的家庭汽车拥有量比城市人还多。

为什么日本在现代化建设浪潮中，还能保持原貌？根本的原因是日本不搞强制性的集聚式农村小城镇建设。因为日本政府认为，全国的土地面积的70%是农村和小城市，农村是日本社会最根本的基础，一旦废弃一些村庄，就意味着要荒废一批土地。

所以，我觉得，在现代化进程中，适当实施居住区的集约化，是很有必要的，因为我们需要形成一些大小区域中心，但是不能一味地追求"高大"，更应该因地制宜地建设有自己特色的宜居乡村。城镇化也好，城乡一体化也好，最关键的问题是如何保持这一地区的传统风貌和建筑特色，而不是家家户户都建楼。同时要遵循自然规律，不能为了节约基础设施建设成本，而毁坏一些美丽的村庄部落。

以上纯粹是一些个人的肤浅看法，班门弄斧，供各位专家参考。

10 | 日本垃圾分类的哪些做法值得中国学习

家庭成员的相互监督、邻居之间的相互提醒构成了日本社会垃圾分类的最原始也是最基础的"自我管理"机制。正因为有这个机制,使得日本的垃圾分类节约了大量的社会管理成本和管理时间,让日本成为全世界垃圾分类与垃圾处理做得最好的国家。

今天给上海市的干部们讲垃圾分类,我觉得特别的有意义。因为在2018年,我以上海海外联谊会中日分会副会长的名义,给上海市政府有关部门递交过一份材料,就日本如何实施垃圾分类与处理问题,提出了自己的一些想法和建议。时隔一年,也就是2019年的7月1日,上海领先全国各大城市,开始实行严格的垃圾分类制度,可喜可贺!

说实在的,我是坚决支持上海市政府的这一重大举措的，因为垃圾分类是一个现代大都市的基本素养，连这一点都做不到的话，我们距离现代文明就太遥远了。但是，我是不怎么赞同上海市"湿垃圾"与"干垃圾"的分类。我曾经问过上海市一位参与负责垃圾分类工作的干部："为什么要这么分？"他告诉我，把厨余垃圾作为"湿垃圾"处理，主要是为了分类后处理方便，可以做肥料，或者直接填埋变成沃土。

这位干部的解答，说出了上海市垃圾分类的一个重要考量，也就是厨房垃圾不进入焚烧炉焚烧。而在日本，厨余垃圾过去是以填埋为主，现在基本上是焚烧处理的。

我前不久去上海一位朋友家做客，他端出一盆葡萄，我很习惯地拿了一张纸巾垫在桌子上放葡萄皮。我的想法是，等我吃完葡萄之后，用纸巾裹起葡萄皮扔到垃圾箱里，因为我在日本就是这么做的，而且日本是鼓励你这么做的。但是，我的朋友制止了我，说葡萄皮是湿垃圾，而餐巾纸是干垃圾，必须分开扔。

这让我感到很惊讶，如果这样分的话，我在吃葡萄时，要么用一只果盆放葡萄皮，要么直接将皮吐在桌子上，连餐巾纸都不能包，自然更不能用塑料袋包裹。

我听说上海的湿垃圾分类实施几个月，出现了两大问题：一是到了夏天，湿垃圾因为没有密封包裹，苍蝇乱飞。二是厨余垃圾容易发臭，也弄得扔垃圾的人不敢靠近。

其实，厨余垃圾不实行焚烧，而是进行填埋，也存在一个污染的问题，因为中国人烧菜多用油，这些生活油污随同厨余垃圾渗入地下，对于土地甚至水源都会构成一定的污染。

那么，日本是如何处理厨余垃圾的呢？

首先，厨余垃圾与塑料袋、餐巾纸等都属于"可燃垃圾"，因此，日本人习惯用超市的塑料袋或便利店等出售的垃圾袋直接装厨余垃圾，装好后扎紧口子，然后连同塑料袋一起放到垃圾堆放处。这样的话，厨余垃圾不会发臭，也不会渗漏，更不会招苍蝇，很卫生，也很干净。而垃圾收集处也不需要专用的垃圾桶，更不需要垃圾收集车天天上门收垃圾，一周来收集三次就可以了。所以，我们在日本常常看到一清早，日本人把一只只垃圾袋放到路边，等垃圾收集车前来收走，这一袋袋垃圾，大多数就是厨余垃圾。

其次，日本将装在垃圾袋里的厨余垃圾拉到垃圾处理场后，只需要进行初步的目测检查，看看里面有没有玻璃瓶、易拉罐。有的垃圾处理场在垃圾袋的流水滚带上安装了金属与玻璃制品探测仪，如果没有发现过大的金属与玻璃制品,就可以直接将整袋垃圾扔入焚烧炉进行焚烧,而不需要一袋一袋拆开来进行检查和再分类,这样就可以大大节约人工成本。

日本能够做到这一点,主要是因为日本规定垃圾袋必须是透明塑料袋。其次,日本人对于垃圾分类的自觉性比较高,基本上不会将可燃垃圾与不可燃垃圾过多混同。

有一个基本的认知,那就是日本的这种厨余垃圾与一般性的塑料袋混合焚烧,会产生有毒的二噁英。这一认知没有错,日本在2000年之前,二噁英问题也很严重,闹出过"所泽二噁英事件"。但是,这一事件被媒体曝光后,日本焚烧炉厂家和垃圾处理场立即进行了技术改造,现在的焚烧炉已经消灭了二噁英的排放,焚烧炉一不冒烟,二无异味,周围的居民也没有意见。像东京台场的垃圾焚烧厂,利用焚烧炉的热能建了一个温水游泳池和健身中心,供周边居民廉价使用,等于是垃圾场变成了一个市民活动中心。

我不赞同上海的"湿垃圾"分类法,并不是否定这种分法,上海市政府决定这么做,自然有上海市政府的道理。但是,日本成熟的厨余垃圾与普通塑料袋的焚烧办法,尤其是去除二噁英的技术,完全可以供上海参考与使用，并以此来消除目前厨余垃圾分类处理过程中存在的两大问题。

日本的垃圾分类与处理，先后实施了30多年，才形成现在这样一套切实可行的办法。上海的垃圾分类处理还刚刚起步，一开始就要实施完全精细化的高级别分类，会有一定的难度。能不能长期坚持下去？希望能，但是必要时，应该做出切合实际的修正。

从上海市颁布的生活垃圾分类投放指南显示，上海的生活垃圾目前主要分成五大类。第一类是可回收垃圾，也就是瓶瓶罐罐、非金属、书报等资源类垃圾；第二类是有害垃圾，包括电池、灯管、过期药品、农药等；第三类是湿垃圾，主要是指厨余垃圾；第四类是干垃圾，包括毛巾、内衣裤、餐巾纸；第五类是特殊垃圾，包括家具、建筑装饰材料、家电产品等。

那么，作为全世界垃圾处理做得很好的日本，它的垃圾是如何分类的呢？

日本的垃圾基本分成七大类（有的城市分成十二大类）：

第一类是可燃垃圾：如厨房垃圾、橡胶制品、衣服、纸制品、革制品、录像带、杂草等；

第二类是不可燃垃圾：如餐具、厨具、玻璃制品、干电池、灯泡、小型家电、一次性打火机等；

第三类是资源垃圾：如易拉罐、塑料瓶和书刊报纸等；

第四类是粗大垃圾：如自行车、桌椅、沙发、微波炉、烤箱、高尔夫球杆等；

第五类是不可回收垃圾：如农具、灭火器、砖瓦、水泥、摩托车、废轮胎等；

第六类是4种家电：如电视、洗衣机、空调、冰箱；

第七类是临时性大量垃圾：如搬家或大扫除、修剪庭院时产生的垃圾。

而七大类垃圾中，每一类还有细分小类。譬如可燃垃圾中，纸制品中的餐巾纸之类的属于不可再生纸类，但是，面积大于明信片的纸张不属于此类，被归为"资源垃圾"，需要回收。

我记得刚到日本时，房东送来了一本政府印发的垃圾分类手册，足足有30页之多，一共有518条。我实在是记不住，最后还是一页页地扯下来贴在冰箱上，拿出当年记英语单词的劲头，但是还会有大楼管理员拎着垃圾袋来敲门："徐先生，这袋垃圾是不是你扔的？分类不精细。"好长一段时间，我都不敢跟管理员打招呼。

日本社会处理垃圾，有哪些做法值得我们学习参考呢？

第一，家庭自觉清洗垃圾。垃圾分类只是垃圾处理的第一步。更为重要的一步是清洗垃圾，不给垃圾处理公司的员工添麻烦。譬如酱油瓶、油瓶、饮料瓶、啤酒罐、罐头铁盒，尤其是我们中国人喜欢吃的腐乳的瓶子，必须清洗干净才可以扔弃。方便面、牛奶、果汁的包装纸盒也是一样。

第二，配合超市进行垃圾处理。譬如，超市出售的海鲜与肉类食品多数以白色泡沫饭盒作为盛器，市民在超市买了食品回家后，这白色泡沫材料的饭盒不能像一般的生活垃圾那样扔弃，而应在使用后洗干净，下次去超市的时候带回去，扔到专门的回收箱，由超市把饭盒统一返还给厂家进行处理。

目前日本一共有40个生产饭盒的工厂，其中8家工厂既生产饭盒，又回收饭盒。而这8家的生产量，占到日本饭盒生产总量的90%。

日本把垃圾处理中心叫作"再生资源公司"。也就是说，日本的垃圾处理不是以"消灭垃圾"作为处理垃圾的准则，而是以"资源回收"作为垃圾处理的基本原则。这种处理原则为日本创造资源循环利用社会提供了很好的基础。譬如日本的免费公厕都提供免费卫生纸，在这些卫生纸上，有时你会发现打印着一行小字：这些卫生纸都是利用回收的车票做成的。

所以，日本垃圾没有按照湿垃圾和干垃圾来分类，而是从资源的回收重要性角度来进行分类回收。

在日本，扔垃圾是有时间表的。政府发放的扔垃圾手册背后，还附有一份彩虹年历，每种颜色代表哪一天可以扔哪种垃圾。譬如玻璃瓶子、报纸书籍、易拉罐、塑料瓶等资源类垃圾，是每周二回收的；一般的生活垃圾（可燃垃圾）是每周三和每周六进行回收的；每周四是回收不可燃垃圾。至于家具等粗大垃圾，以及电冰箱、洗衣机等家电产品，需要专门打电话给政府的垃圾处理部门，根据垃圾的种类，需要支付100元到240元人民币的垃圾处理费。

到了扔垃圾的日子，居民需要在垃圾清运车抵达的当天早晨8点钟前，把垃圾堆放到指定地点，不能错过时间，否则就要等下周。现在一些公寓楼里都设有垃圾堆放间，可以随时把垃圾送到堆放间，按照分类要求放在指定的位置，然后管理人员再来帮你仔细整理。但是，日本居民区里大多数还是一户建，因此垃圾收集多数还是挨家挨户收，市民在早晨，必须把分类垃圾放到自己家门口，或者公寓楼前的路边，以便垃圾清运车把垃圾收走。

其实，日本实行垃圾分类处理的历史也并不长，是从1980年才开始实行垃圾分类回收的，日本如今已成为世界上垃圾分类回收做得最好的国家，但是这个过程，日本花费了整整40年的时间。不过由于细分太严，有些人到老都还搞不清部分垃圾该如何处理。

譬如一个香烟盒，有纸盒、外包的塑料薄膜、封口处的一圈铝箔。这个香烟盒该怎么扔？它就要分成三类：外包是塑料，盒子是纸，铝箔是金属，必须拆开了分三类丢弃。又譬如煎鱼、煮天妇罗的厨房废油，属于哪类垃圾呢？你不能简单地直接倒入下水道中，日本的家庭主妇们会自己出钱去超市购买一种废油凝固剂，凝固剂倒入锅中，废油就成为固体了，然后将固体的油用报纸包好，作为可燃垃圾处理掉。

目前，日本每年人均垃圾生产量只有410千克，为世界各国中的最低。更重要的是，垃圾分类投放已经成为日本民众的一种自觉行为，即使没人监督也会严格执行。

按照规矩扔垃圾，本来是国民必须具备的良好的社会公德，但是，毕竟也有不自觉的人。因此，日本专门制定了一部指导国民如何扔垃圾的法律，叫《废弃物处理法》。根据这部法律，国民如果违反规定乱扔垃圾，严重的会被警察拘捕，并课以3万~5

万日元的罚款（约1800元至3000元人民币）。尤其是一些人不肯缴纳特殊垃圾的处理费，把建筑垃圾或家电、甚至报废的汽车拉到偏僻的山林地带扔弃，是政府重点的打击对象。

怎么才能让每一位国民自觉履行垃圾分类处理的责任，日本采取一个最有效的办法，是从幼儿园的小朋友开始抓起。在日本小学里，孩子们都要集体吃午餐（日本称为"给食"），午餐中一定会有一盒纸包装的牛奶，每个小朋友把牛奶喝完后，都要自己负责把牛奶纸盒洗干净，而且还不能用自来水洗，这样浪费水，而是排队在一个水桶里洗。洗好后，放在通风透光的地方晾晒。到第二天，把前一天晒好的牛奶纸盒剪开摊平，以方便打包收集。这样日复一日，在珍爱环境珍惜资源中长大的孩子，他们不仅不会乱扔垃圾，而且还知道，许多垃圾是需要清洗干净之后才可以扔弃。而去垃圾处理厂学习与了解垃圾分类的基本知识，也是日本小学生社会实践的必修课。

除了学校教育之外，另一个重要的教育环节是母亲手把手教下一代，也就是传承。孩子从出生开始就学垃圾分类。妈妈有这方面的素养与知识，孩子从小就会学得很好。在一个社区里，如果一户人家的垃圾不进行细致分类就乱扔，会遭到邻居的提醒和批评，脸面也会过不去，因为这违反了讲究集体主义精神与不给别人添麻烦的日本社会的基本行为规则，你不遵守，就会遭到排斥。

所以，家庭成员的相互监督、邻居之间的相互提醒构成了日本社会垃圾分类的最原始也是最基础的"自我管理"机制。正因为有这个机制，使得日本的垃圾分类节约了大量的社会管理成本和管理时间，让日本成为全世界垃圾分类与垃圾处理做得最好的国家。

日本的垃圾处理基本上做到了百分之百回收。垃圾经过分类处理后变废为宝，有的用于火力发电，产生的热能用来建设温水游泳池，最后燃烧剩下来的垃圾渣用来铺路和填海。东京湾有一个人工岛——台场，就有一半是垃圾填出来的。2020年的东京奥运会的部分比赛场馆，就建在台场这一人工岛上。

日本人扔垃圾有专用的垃圾袋，垃圾袋必须是白色透明或半透明的，这样可以让收集垃圾的工人看清里面装的是什么，也可以让邻居相互监督。垃圾袋是有国家标准的，大小分为10升至45升，价格折合人民币的话，每个是1元到3元不等，这种国家标准规格的垃圾袋在超市和便利店到处有售。

如此繁琐的垃圾分类流程，能够让日本1.3亿人深刻牢记自觉遵守，并成为衡量国民道德的标准之一，这一切依赖的不是先进的监控技术，而是全体国民对环境的敬畏和高度的社会责任感。

　　垃圾分类，人人有责。不要埋怨，不要嫌烦，养成习惯了，社会环境就会有巨大的改变。上海的垃圾分类已经是一个很好的开端，只要我们努力提高国民的垃圾分类意识，制定必要的垃圾分类法律法规，一步一步地向前推进，中国也一定会成为垃圾分类大国和资源再利用大国，城乡环境一定会更美！让我们一起来推进中国的垃圾革命！

11 | 日本如何解决养老问题

在日本，老年生活是以国民年金（养老金）、医疗保险、介护保险这"三道关"来全面实施保障的。正因为日本的居家养老制度和政府的援助政策十分完备，因此，日本90%以上的老年人，都是选择居家养老。

关于日本养老的问题，我已经做了多次讲演。因为日本是世界上老龄化程度最严重的国家，每4个人中，就有一位65岁以上的老人。所以，日本如何解决养老问题，对于人口大国的中国来说，具有很好的参考价值。今天在济南讲日本养老问题，我觉得特别有意义，因为山东是中国的人口大省，又是一个十分重视家庭的地方。

3年前，日本首相安倍晋三就将"少子老龄化"问题称为"国难"。为什么要上升到"国难当头"的高度？因为日本的人口出生率平均只有1.4，也就是说，一个育龄女性平均只生1.4个孩子。中国的出生率是多少？根据世界卫生组织的统计是1.2，比日本还要少，这同我们长期以来实行独生子女政策，以及目前的生活成本、教育成本的上升，都有比较大的关系。因为出生率的低下，日本每年要减少20多万人口，现在日本总人口是1.3亿人，山东省总人口也已经达到1亿人，而且每年增加200多万人，所以，若干年之后，山东省的人口总数就会超过日本。

在新生儿减少的同时，老龄人口却在不断增加。日本政府出版的2018年版《高龄社会白皮书》显示，65岁以上老年人目前已有3800万人，占总人口比例的28%。这说明，日本已经进入了一个"超老龄化社会"。目前，日本国民平均寿命已经高达84.2岁，位居世界第一，而且随着医疗技术的不断革新与社会保障机制的日益完善，日本人在长寿的路上继续奔跑，正在朝向"人活100岁"的目标迈进！人们在庆幸越来越健康长寿的同时，作为政府管理层来说，医疗、养老等社会保障负担也越来越重。交社保基金的人越来越少，领取社保基金的人越来越多，而且领取时间越来越长，从哪里去弄钱养活这么多的老人？这成了日本政府异常头疼的问题。

日本的养老制度是如何产生的呢？

我给大家讲一个故事。相传在古代日本，一些过了70岁的老人会被儿女背到山上自生自灭。这一方面说明了日本的贫穷，无法给老人善终；另一方面，也显示了日本老人的"终老观"。这样的山，在日本被称为"弃老山"。1956年，日本作家深泽七郎以"弃老山"为原型，创作了一部小说《楢山节考》，这部小说后来被改编成影片，获得了1983年法国戛纳电影节金棕榈大奖。

日本的养老问题受到重视，是在第二次世界大战后的20世纪60年代，一部伦理电影的播出是日本现代养老制度诞生的起爆剂。

第二次世界大战结束，日本投降，从20世纪50年代起，日本开始进入战后复兴与经济高速发展时期，大批农村人离家奔赴城市谋生，其情景如同中国80年代大批农民工进城一般。这种工业化浪潮带来的生活模式的变化也严重地冲击了传统的家庭伦理道德。祖孙几代生活在一起的传统大家族逐渐解体，年轻人开始在"事业"与"孝道"之间摇摆。

1953年，日本著名导演小津安二郎创作的经典影片《东京物语》，描述了一幅当时具有代表性的社会图景：一对老年夫妇从乡下来到东京看望进城工作的儿女，儿子太忙，没时间照顾他们，女儿十分吝啬，生怕为父母多花一分钱。结果两个孩子来回踢皮球，谁都不愿意承担起照顾父母的责任。在品尽了世态炎凉后，老夫妇决定返回农村老家，母亲很快因病去世，老父亲孤独地坐在家中，感叹说："一个人度过一天，像是特别漫长。"

这部电影极大地震撼了日本社会，人们开始关心起老年人的养老问题。日本政府也开始研究建立社会养老保障制度。从1961年开始，日本政府制定了《国民年金法》，根据这部法律，日本建立了国家养老金制度，国家承担年金（养老金）总费用的三分之一，剩下的由企业与个人负担。法律规定凡是居住在日本国内年满20岁至60岁的人都必须加入。年满60岁后，便可定期领取养老金。

1963年，日本又颁布实施了第一部专门关于老年人福利的法律——《老年人福利法》。该法着重推行养老的社会化，如成立"老人之家"等养护福利机构，建立老年人定期体检制度，向老年人家庭派遣服务人员等。这部法律连同后来制定的《生活保护法》《老年人保健法》等法案，建立起了政府、社会、家庭、个人共同养老与医疗的完整的社会保障体系。

日本这些法律制度的建立，催生了日本养老产业的迅猛发展，养老院如雨后春笋般地涌现。20世纪90年代，大阪市建立的各种类型的养老院共有341所。要知道大阪市的人口规模仅为上海市的十分之一左右，这个数字也是挺大的。但是，由于养老院一般建在郊外，亲人探望不方便，老人也有一种"被社会遗忘"的感觉。

因此，进入21世纪，日本养老的重心逐渐从养老院转向居家养老。2000年，日本开始实施护理保险制度，这一制度的主要内容就是提供居家养老和病瘫者的上门服务，包括上门护理、上门帮助洗浴、日托护理等多种项目。但是必须在50岁之后缴纳护理保险费。

这几年，我接待了不少中国地方政府部门和企业的访日团到日本考察养老设施，大家计划把养老事业做成一种可以赚钱的产业。我说，这种思路是错误的，因为养老事业是福利事业，不应该成为赚钱的暴利产业，一旦把养老院当成摇钱树，那么，就像当年将医院当成摇钱树一样，整个中国社会将出现大问题，后果将不堪设想。

目前，日本90%的老年人选择居家养老。面对90%以上的居家养老人群，除了政府提供一定的护理保险之外，如何创造更为舒适的居家养老环境，更多的还是需要社会和企业一同参与。所以，如果想赚钱的话，不应该去赚养老院的钱，但是可以挣居家养老的钱，因为居家养老的老人需要各种服务。

所以，我觉得，中国学日本的养老，眼睛不能只盯在变相开发房地产上，也不应仅仅考虑如何把老年人接出来，让他们去养老院里生活，因为更多的人是期望在家里养老。所以，如何为年迈的父母提供一些适合老年人使用的安全的家用产品，尤其是每天都要用的厨房电器、浴室设备，在产品中加入智能模式、安全模式，有效预防老年人生活中会遇到的事故和障碍，防止老年人忘记关火、摔倒无人知道等，让他们的生活更加舒适、健康、安全，才是我们需要关注的重点，这也是企业需要表现的一种对老年人生活的关爱。

中日两国在居家养老方面的措施存在较大的差异，主要体现在三个方面：一是日本居家养老是以护理保险制度为基础，就是政府出钱请护理人员上门服务，老年人自己只需负担10%的费用。中国居家养老，包括请保姆在内的各项服务都需要自费，老年人负担很重。二是日本有专门支撑家庭护理服务的人员培训与考核体系，所有护理人员均拥有国家专业资格证书，所有服务人员都有专业公司管理，而中国大多数是请私人保姆来护理。三是日本居家养老的福利种类很多，共有13大类，基本可以满足不同老年人的不同需求。中国虽然近几年发展了社区老年护理，但还是缺少完备的服务体系和内容。

那么，在日本，当一个人进入65岁后，他能够享受政府的哪些养老服务呢？

第一，日本政府会给20万日元（约1.2万元人民币）用于其个人住宅的改造，以创造一个适合老年人生活的环境。譬如，家里各处要装护手，厕所要进行适当改造，要添置老年人专用的浴缸等，都可以到当地的市政府去报销。这是日本对每一位65岁以上的老人提供的一项特别的福利。

第二，老年人购买轮椅、手杖、护理床等，90%的费用由政府承担，个人只需要承担10%。政府每年还给老人10万日元（约6000元人民币）用于购买尿不湿等老人护理用品。

第三，日本政府根据老年人的身体健康状况做出护理等级的评定，然后根据不同的等级，支付不同金额的护理保险费，每个月最低的是5万日元（约3000元人民币），最高的有十几万日元（约1万元人民币）。这笔钱干什么用呢？就是请专业的护理人员来家里帮你洗澡，帮你打扫卫生，帮你按摩，甚至帮你做饭。或者每周1至2次开车来接行动不便的老人去附近的养老院洗个温泉澡,吃顿午饭,睡个午觉,然后与老年朋友们聊聊天,傍晚时分,再开车送你回家。

对于孤寡老人,日本各地政府还有一项特殊的"安危确认制度",也就是要随时掌握老人的健康状况、是否还活着、有什么需要。这项确认制度是政府联系公共事业部门或者企业来共同实施的。譬如电力公司、自来水公司、煤气公司的抄表员,快递公司和邮局的快递员,还有各报社的送报员等,他们在巡视中,如果发现订的报纸有好多天没人取了、白天也一直亮着灯等,必须向指定的政府部门报告,以防止孤寡老人遭遇意外之后无人知晓。

还有一种老年人服务是政府通过补贴的方式,给孤寡老人送盒饭。这些盒饭委托附近的24小时便利店配送。由于盒饭一日三餐都需要配送,因此盒饭配送员就成了老人们的健康监督员,每天要负责填写老人情况报告书,向当地的市政府报告,而当地政府支付给24小时便利店一笔资金作为奖励。

日本还有不少城市向老人提供一些特殊的服务。比如,大阪市中央区给区内的老人分发了一种塑料密封瓶,瓶子里装进两张表格,一张是发生意外情况时的家庭成员联系表，另一张是急救信息卡，上面有老人的健康保险号、血型、患有的疾病和正在服用的药物等重要的急救信息。这两张表格装进密封瓶子后，统一放在冰箱门上的储藏格位置，并在冰箱门外面贴上提示标志。独居老人一旦发生意外，只要还能拨打急救电话就行。急救人员上门后不需要过多询问，只要找到这个密封瓶子就可以对老人进行救助。

所以在日本，老年生活是以国民年金(养老金)、医疗保险、介护保险这"三道关"来全面实施保障的。正因为日本的居家养老制度和政府的援助政策十分完备，因此，日本90%以上的老年人都选择居家养老。

不过，日本的养老金制度现在也遇到了很大的问题，那就是社保基金不足。

最近有一条消息说，日本养老金机构推出了一条新规定：养老保险可以交到70岁。

你看到这条消息，是不是觉得这里面有问题？那就是，养老金按理说应该是从60岁开始就可以领取，为何到了70岁还可以交养老保险呢？

原来，日本政府犯了一个致命错误，就是现在的养老金制度是在半个世纪前的1963年制定的。那个时候，日本人的平均寿命只有72岁，所以，日本政府做了这样的计算:一个人交一辈子养老保险,实际上让其享受12年养老金待遇,养老金机构不仅不会亏,而且至少还有20%的资金积余。

但是,半个世纪过去,没有想到的是,日本人的平均寿命提高到了84岁,也就是说,老年人要比半个世纪前多活了11年,自然养老金也要多领取11年。

这样一来,日本养老金机构不亏才怪。

我刚才说过,日本人的平均寿命连续20年排名世界第一,达到84.2岁,其中女性的平均寿命为87.1岁,男性的平均寿命为81.1岁。对于一位60岁退休的人来说,理论上至少还可以好好生活20多年。

中国政府现在公布的60岁以上老人的比例为18%(上海市在2017年已经达到31.6%),而日本政府公布的60岁以上老人的比例为34%。虽然中日两国还有一半的距离,但是,国家背负的社保负担完全不是一个等级。日本2017年度国家预算,用于社保的比例高达32%,而中国国家预算中用于社保的比例有多少?目前查不到官方数据。如果中国今后的社保国库负担比例也被迫达到日本现在的标准的话,国家财政是否撑得住?这是一个大问题。

日本政府已经开始将养老金的领取时间从60岁

推迟到62岁。许多日本"80后"估计，等自己可以领取养老金时，至少已经年过70岁。

那么，当一位老年人退休之后回家，是每天在家等待末日的到来，还是让自己的第二人生活得更加精彩？许多日本人选择活到老干到老。所以，我们坐出租车、上居酒屋，哪怕是出入新干线车站，去银行取钱，都可以看到日本老年人忙碌的身影。

正因为有这种身影，使得日本养老金机构推出了一个新规定：养老金领取得越晚，每月领取的养老金金额就越大。如果你在70岁之后还在工作，那么，70岁之后还可以缴纳养老保险，使得自己最后的养老金基数是越来越大。关键是，要活过85岁，才可以把以前缴纳的养老保险的本赚回来。

日本政府在最近召开的未来投资会议上表示："为了让有意愿的老年人工作到70岁，政府将会制定相关的规定，敦促企业确保老年人的工作机会。"

日本政府的这一表示，实际上就要求各企业将退休年龄从目前的60岁延迟到70岁。因为日本政府已经推出了"人活百岁计划"，这个计划就是，在未来20年，人可以通过使用iPS细胞来再生自己的器官，替换老化有病的"零部件"，让一个人的各方面器官保持一种长久的健康，可以轻松地活过100

岁。日本的医学专家们甚至宣布,2014年出生的孩子,一定能够活到2114年,个个可以成为百岁老人。

长寿是好事,一个人上班能够上到70岁也是好事,问题是,老年人怎样才能找到合适的工作机会?

日本总务省的统计显示,不包括从事农业和林业的老人,2017年时,日本有687万65岁以上老人依然在工作,占65岁以上老年人口总数的28%。这意味着,日本每10名就业人口中就有1人是65岁以上老人。老人从事的工作不仅只限于服务业,不少人甚至在制造业第一线。像德岛市主要生产电子产品的山菱电机公司有100多名员工,其中16人是65周岁以上的老人,年龄最大的已经73岁。

退休后继续参加工作是老年人的一种生活方式,还有一些老年人则开始自己创业。日本经济产业省发布的调查数据显示,2018年,日本新创业人群中,34%以上是60岁以上的老年人,而在30年前,这个数字只有8%。

我们亚洲通讯社边上,有一家居酒屋,面积不大,也就40平方米左右,最多可以容纳20人。这家居酒屋有一个特点,晚上是喝酒的,中午则供应工作套餐。我晚上带朋友去喝酒时才发现,中午的店员和晚上的店员是两拨人。晚上是四位男人在经营,而中午是四位老太太在经营。问了店长才知道,中午时段是租给这4位老太太做工作套餐的,因为附近公司很多,白领们都要吃饭。

我很好奇,好奇的不只是这种经营模式,而是这4位老太太怎么会想到承包这家居酒屋的中午时段呢?一打听,发现这4位老太太中,有2个是姐妹,有1个是邻居,还有1个是小学同学,平均年龄76岁,最大的81岁,5年前开始承包这家居酒屋,做的套餐纯粹是家庭料理——妈妈菜,一份是700日元(约45元人民币)。

问她们为什么中午会出来承包这家居酒屋,她们说,闲在家里也实在没事,出来工作,会让自己拥有活力。一个月下来,每个人也都有10多万日元的收入,她们觉得每天过得很充实、很有价值。

美国《新闻周刊》将日本选为全球最适宜养老的国家,主要是因为政府在不大幅增加国民税赋负担的情况下,拿出三分之一的国家预算用于社会保障支出,全世界也只有日本做得如此大方,这也显示了日本在养老保障方面比别的国家做得成功。

我们常常称日本是"资本主义国家",其实它带有很浓郁的"社会主义国家"的色彩,因为政府对于国民的生活,大包大揽的现象比一般的社会主义国家还多。譬如养老问题。

最近,日本金融厅透露了一份专家委员会的分析报告,称国民如果要活到90岁,夫妇两人至少需要2000万日元(约120万元人民币)的个人积蓄,才能撑到那一天。言下之意,政府开始支付养老金的时间会越来越滞后,那么支付的总金额也会越来越少。这一消息透露后,立即引起了日本社会强烈的反响,抗议声不断。因为日本人有一个基本的概念,就是我参加工作,按月缴纳养老基金,等我退休后,政府就有义务和责任给我发放养老金、为我养老送终。

因为这2000万日元的说法,安倍政府被批判为"安心诈骗政府"。在批判与抗议声中,安倍首相亲自出来辟谣和打圆场,虽然这一事件平息了下去,但是养老基金短缺的问题是绕不过去的事实。日本政府从2019年10月1日开始,将消费税从8%提高到10%,打算将提高的那部分消费税充填到社保基金中,以弥补社保基金的不足。

养老问题,不仅是日本政府头疼的问题,也一定会成为中国政府头疼的问题。找钱充填养老基金的不足,是一个方面;"延长老年人的事实退休年龄",也是解决老龄化问题的一个重要举措。既然人长寿了，适当延长自己的工作年龄，别在60岁之后整天泡在麻将桌上，其实对于国家和个人来说，都是好事。工作到70岁，或许更利于健康长寿，在这一问题上，政府需要改革退休与劳动制度，山东可以先行先试，探索出一套切实可行的经验来供全国参考！

12 | 东京如何解决城市交通拥堵问题

第一,东京是实施"先有地铁轻轨,后有私家车"的公共交通发展理念。第二,先有车位,才可以买车。第三,违规停车,严厉处罚。第四,利用各种空间建设停车场。第五,不鼓励开车上班。

今天在座的各位,都是市委书记和市长级的政府官员,你们是一个城市的管理者和引领者。中国经过改革开放四十年的发展,经济有了超越式的发展,城市也迅速扩容成为现代化都市。但是,在快速发展中省略了许多过程,因此也出现了许多问题。就像上海与北京这样的城市,都已经是世界级的大都市,但是城市管理还是遇到许多问题和困难,譬如城市垃圾处理、道路交通拥堵管理、城市停车管理、城市功能区的管理、城市养老问题等,都存在着许多需要修补完善的地方,所以,我觉得中国城市需要进入一个"修补期",把城市发展的短板补上,使得我们的城市更加完美,更适宜居住。

大家今天来到的这个城市,是世界上最大的城市,整个东京都市圈总人口为3746万人,上海是2558万人,排名世界第三。城市越大,难题越多,首先,停车难,便是世界各大城市的一个民生痛点,也是现代大都市面临的一个共同难题。

其实,东京核心市区面积只有2190平方千米,是北京市的七分之一,常住人口却超过1300万人,北京市是2100万人。根据2014年的统计数据显示,东京人口密度为6106人/平方千米,而北京是1311人/平方千米,是北京的5倍。在狭窄的东京,机动车保有量超过800万辆,而面积比东京大了7倍的北京,机动车保有量是500万辆,比东京少了300万辆。

最为关键的是,每天还有600万名的公司白领们,从附近的埼玉县、千叶县、神奈川县甚至从富士山脚下的山梨县涌到东京市中心来上班。即使如此状况,东京也没有限制外地车辆进城,也没有搞单双号。

如此高密度的人口,如此多的车辆,东京就是不堵车。而且在过去30多年间,东京的城市交通管理还交出了一份漂亮的考卷:机动车保有量增加了2

倍，交通却提速了一倍多，世界城市管理专家们称其为"东京奇迹"。

那么，从城市管理的角度来看，东京在保持道路交通畅通方面有什么秘诀？这就是我今天要跟大家讲的主题。

第一，东京是实施"先有地铁轻轨，后有私家车"的公共交通发展理念。

东京的第一条地铁建于1927年，距今已经有90多年的历史，是亚洲最早拥有地铁的城市。目前，东京的地铁已经拥有13条线路，285座车站，线路总长312千米，总里程居世界第4位，日平均客流量为1100万人次，是世界上客流量最大的地铁系统。而且东京地铁线网由城市中心向北、向西扇形发展，呈放射式布局，并与市郊铁路衔接联运。也就是说，你在东京市中心坐上地铁，可以直接抵达位于千叶县、埼玉县、神奈川县的这些郊外的家，完全实现了跨城市跨区域的首都圈交通大联网。

除了地铁之外，东京还有庞大的轻轨铁路系统，轻轨铁路线共有20条之多，总长度达到1700千米，日平均客流量达到2800万人次。

如此便捷的城市轨道交通，使得东京人已经养成了一个习惯，那就是出门与朋友约会时，往往会十分准确地告诉对方：我在几点几分可以到达约会的地点。而这种时间的绝对保证，是因为整个东京乃至首都圈的 30 多条地铁、轻轨线实现了无缝对接，环环相扣，有的线路简单到车门对车门，连站台都不用出。而且运营时间的准确程度都是按照分秒来计算。所以，日本人的严谨，不仅仅体现在每个人的工作习惯上，还体现在城市交通管理上。

因此，如果选择出门的交通工具，北京人、上海人的第一反应是叫出租车，东京人的第一反应是坐地铁轻轨。在东京人的心中，地铁轻轨已经成为一种生存手段和生活方式。目前东京的交通出行总量中，地铁轻轨占了 86%，远远高于纽约的 54%、巴黎的 37% 和伦敦的 35%。开车坐车出行只占交通总量的 11%。而在上下班的交通高峰期，搭乘地铁轻轨的比例高达 91%。

发达的地铁轻轨从根本上缓解了东京的城市交通压力，也有效控制了汽车的发展数量，使得东京避免了在城市高速发展中遭受的环境污染和拥堵。

值得一提的是，东京在城市发展中是先建设地铁轻轨，然后再沿着地铁轻轨线路建设新城和居民住宅区。所以，东京人喜欢在地铁轻轨沿线买房子，而且还喜欢买到郊外去，因此有 60% 以上的城市居民居住在距离地铁轻轨车站500米的范围内。而中国许多城市的建设是恰恰相反,往往先在郊外建小区,小区发展到一定规模时,才想到建地铁轻轨,因此,迫使市民买房子往交通发达的市中心涌,也迫使居住在郊外的市民不得不买汽车来解决出行和上下班问题,导致道路交通的拥堵。

第二,先有车位,才可以买车。

我们在东京坐出租车的时候,常常发现司机都是六七十岁的老大爷。我们的第一个反应是,日本的老年人真辛苦,这么大年纪了还出来开出租车挣钱。但是,我们许多人可能就没有想到另外一个问题:日本老年人为何都会开车?

其实,日本老年人开出租车的现象,告诉我们一段社会的发展史,那就是,日本比中国早40年进入了汽车时代。也就是说,我们小时候渴望买一辆自行车的时候,日本人已经开始买汽车。

日本进入汽车时代是在20世纪60年代。喜欢按部就班做事的日本人在汽车还没有开始普及的情况下,首先想到的是,如何从法律层面上来规范国民对汽车的渴望与城市交通管理的矛盾问题,以便建立起一个有秩序发展的汽车时代。日本人想出的一个办法是,先解决城市的停车问题,其次才鼓励市民买车。

早在1962年6月,日本国会就制定了一部《车库法》。《车库法》规定,汽车拥有者必须确保拥有固定的汽车存放场所,不准将道路作为汽车的保存场所,违者将受到重罚。

说得明白一点,就是你在买车前,必须先要确保有固定的车位。去警察署申请牌照时,必须提供停车泊位证明,并由警察实地调查确认后,方可登记发牌照。当然,固定停车位可以是自己拥有的,也可以是租借的。车辆购买后,停车位证明标志必须贴在汽车后挡风玻璃的左上角或右上角的醒目之处,以便随时检查。警察若发现伪造停车泊位证等现象,将罚款20万日元(约1.2万元人民币),并且在两年内不能申请买车。

当时,日本的经济界尤其是汽车行业对于这部法律的出台提出了强烈的反对意见,认为其阻碍了汽车产业的发展,影响日本国民尽快进入小康社会。但是,日本的执政者更多的是考虑整个城市的有序发展,不能以城市堵车来换取一部分人实现私家车的梦想。

这部法律颁布至今,已经过去半个多世纪,日本至今没有改动一个字,依然按照这部法律在实施。

现在看来,《车库法》的制定,是日本城市管理的成功之作,避免了后续"补课"带来的巨大经济损失与社会资源的浪费。

围绕停车问题,日本先后推出8部法律作出相应规定,其中,《城市规划法》中有这么一条规定:在新建或改建建筑物时,必须按建筑物的使用性质配备相应数量的停车位。例如,东京市中心地区每250平方米建筑面积配备1个车位,一般地区为每200平方米配备1个车位,不足整数的按整数计算。另外,总建筑面积在2000平方米以上,位于市区的学校、图书馆等建筑物,每300平方米必须配备1个车位。周边地区每250平方米配备1个车位。如果不达标,不允许开工建设。

在一些特别繁华和拥挤的路段,日本政府倡导"小而分散"的原则,特别鼓励经营者多建立体式停车场,甚至鼓励私人将宅基地改建为小型停车场。在亚洲通讯社办公楼边上,就有一个小停车场,只能停3辆车,就是一户人家搬迁后改建的。

从以上内容中大家可以知道,日本政府解决城市停车问题,是法律先行,并且严格执行。

第三,违规停车,严厉处罚。

那么,如果在东京违规停车的话,将会面临什么样的处罚？很简单，普通轿车违章一次就罚款1.5万日元（约900元人民币），并扣2分。大家要知道，日本第一年实习期的驾照只有3分，扣完重考。第二年开始才有12分。

那么，违章停车是由谁来检查处罚的呢？首先当然是警察。但是，东京都这么大的一个城市，警察不可能每天24小时去街头转悠。那怎么办呢？东京都和警视厅组建了一支城管部队，这支城管部队不管别的，只管违法停车，正式名称叫"驻车监视员"，聘请的都是退休老人。他们身穿绿色制服，两人一组，配备数码相机和记录仪器，发现违章的车辆就拍照贴条，并且处罚是立即生效。

在道路上违章停车受到处罚，是可以理解的事。那么在小区的道路上停车，是不是不会受到警察的处罚呢？在中国也许可以，但是在日本是绝对不可以的。一旦在小区的道路上长时间违章停车，小区居民可以直接报警，警察依旧会按照《道路交通法》的规定，罚款1.5万日元，扣2分。如果小区的道路变成了变相停车场的话，那么，警察会依据《消防法》和《城市规划法》对小区的管理公司进行处罚。

东京警视厅公布的最新数据显示，自从组建"驻车监视员"以来，效果十分显著，东京10条主要干道的违章停车现象减少了82%，平均每小时的堵车距离缩短了40%，平均每5000米的行车所需时间减少了11%，停车场的使用率也增加了21个百分点。对东京210个监测点的监测发现，市区的车辆时速能达到45千米/小时。

对违章停车加大处罚力度，是强化城市交通管理的一个重要手段。但是，随着车辆的不断增加，作为政府也必须考虑如何解决城市停车难的问题。

第四，利用各种空间建设停车场。

东京是一个寸土寸金的城市，银座的地价高达每平方米4032万日元（约237万元人民币），东京不可能拿出太多宝贵的土地资源来建停车场。那么，东京都政府是怎样解决停车难问题的呢？

首先是利用地下资源。日本中央机关所在地霞关，有一个很大的城市公园——日比谷公园。这个公园的地下几乎都已经被挖空，一部分作为地铁车站，另一部分建成了一个巨大的地下停车场。

同样在银座，大型地下车库多达21座之多，总共有4300多个停车位。

除此之外，在一些大楼里，还建设了不少智能型电梯式立体车库，这种立体车库节省空间，而且是自动停车自动取车，比地面停车还安全、便捷和智能。

近年来日本政府积极推广机械式立体停车场建设。东京都台东区于2009年建成了占地面积为5400平方米、各层面积达到1.5万平方米、能停500辆车的立体机械式停车场。

在东京的一些购物中心，更是将屋顶建设成为停车场，以方便顾客来店停车。

东京停车场的收费是根据位置和需求多少来确定的。包租一个停车位，在市中心每个月花费六七万日元也不罕见（大约4000元人民币）；而在城市边缘地区，一般每月只需两三万日元（大约1500元人民币）。在东京市中心，有的停车场1小时需要1200日元（大约70元人民币）；而在城区边缘，有的停车场1小时只需要200日元，也就10多元人民币。

第五，不鼓励开车上班。

特别值得一提的是，作为日本的政治中心，东京集中了大量的政府机构。为了防止公务车辆给东京"添堵"，日本采取了一个简单、干脆的办法：基本不配公务车辆。以东京都政府为例，只有都知事这样的级别才可以配专车。公务人员出去办事都选择轨道交通，然后实报实销。整个东京都政府上万名公务人员，但是公务车数量仅有10辆。

而且，东京的政府机关和企事业单位不提供停车位。

以东京都政府为例，整个东京都政府有上万名公务人员，但是公务车只有12辆，除了东京都知事、副知事和议会的正副议长配有专车，司局级以下的官员，都必须自己挤地铁轻轨上班，因为政府大楼里没有给机关工作人员的免费停车位，所有的停车位，只留给来政府机关办事的市民临时使用。

既然公务员和企业员工上下班不能开汽车，那么是不是享受车贴？日本全国没有这样的规定，东京都内所有的机构自然也没有。但是，所有的公务员和企业员工每个月都给报销上下班的地铁轻轨的月票。外出办事时，搭乘轻轨地铁是实报实销。而搭乘出租车，则需要严格审批，一般不被允许。

那么，在东京市中心，如果自己开车上下班，租用停车场，需要多少费用？以我办公室所在的赤坂地区为例，每小时的停车费是700日元（约为45元人民币），这相当于东京一位白领半个小时的工资。而一个月的停车位租用费，更是高达6万日元（约为4000元人民币）。如果家里租用一个停车位，每天再开车到市中心来上班，那就意味着自己一个月的工资至少有一半用于养车。高额的停车费，使得东京很少有人开私家车上班。

因此，我们在上下班高峰期，在东京的马路上看到的风景是：稀稀拉拉没有几辆车在跑，上下班高峰期恰恰是东京车流量最少、道路最为畅通的时间段。因为只有大家到了公司，才会开始工作，送货车才开始上路，所以，东京市中心交通最繁忙的时间段，是上午10时到下午4时，而不是上下班高峰期。

政府不给机关干部提供任何免费的停车位，这就使得机关干部不会自己开车来上班，都是搭乘地铁轻轨或者乘公交车来上班。不仅是东京都政府机关如此，中央机关也是如此，各企业更是没人开车上班。这就大大减轻了城市上下班高峰期的道路交通压力，也解决了城市停车难的问题。

一位朋友来东京旅游，跟我说了这么一个感受：我在银座、新宿、皇宫附近的繁华街区十字路口看到，只要红灯一亮，大小车辆规规矩矩停在停车线后一米开外，车距间隔五六米以上，即便三四道车流，也是一辆直线跟着一辆，没有变道穿插抢行，也听不到喇叭声催人让道；绿灯一亮，车流飞驰而过，很难见到拥堵现象。放眼望去，车道边、人行道上见不到一辆汽车随意停放。无论大小车辆，都规规矩矩停在收费的停车场，或者路边的停车格里，或者停在自家小楼下敞开门的小车库里，一切井然有序。

东京人良好的开车习惯无疑在很大程度上缓解

了道路的拥堵状况。例如，主路车辆与辅路直行车辆实行各走一辆的做法，避免了贴身逼抢危险的发生。同时除了特别紧急的事情，司机开车一般不会超车，所以我们在东京的道路上看到的车流，都是直线一条，排队向前，而不是蛇形的相互超车。虽然按顺序行驶看起来有些缓慢，却保障了车道的畅通。

此外，日本人驾车"礼让"精神让人印象深刻，如前车打灯并线，后车会主动让行，绝没有紧踩油门不让的现象。被让的车辆也往往通过闪两下双蹦灯来表示感谢，这一举动对于缓解后车被加塞儿后的不爽心态具有明显的"疗效"。

正因为司机自觉遵守交通规则，所以我们在东京可以发现两个奇怪的现象：第一，东京的道路上很少有摄像头；第二，东京的马路上，尤其是十字路口，很少发现有交通警察指挥交通，更没有协警之类的辅助人员站马路。

东京之所以能够做到道路畅通，最重要的原因，是东京人讲究规矩和规划，正因为如此，才解决了这一座国际大都市的停车难、出行难的问题。

最后我还想特别强调一点，北京、上海的城市道路规划，是按照"井"字形来布局的，城市看起来东西南北几条大通道显得很壮观、很漂亮，但是若有一条主干道发生拥堵,所有的车都会被堵住而无法前行。而东京的道路不是按照"井"字形来布局的,而是按照蜘蛛网的形状来布局的,同时各机关单位和小区基本上没有围墙,也就是说,东京除了主干道,还有许许多多的小弄堂或小马路可以穿行。一旦主干道发生拥堵,所有的车辆都会钻小弄堂小马路迅速分流,除非是在高架桥上,那可真的没有办法。所以,城市建得方方正正,看起来漂亮,但是不利于缓解城市交通压力。这一点,也值得在座的各位领导思考。

13 | 东京湾大湾区建设的成功秘诀在哪里

东京湾区内有"一都三县",包括若干大城市和中小城市。在开发中,既保持"谁开发谁拥有"的基本原则,同时建立起相互协作的沟通机制,对湾区和城市发展中的问题采取协调协商的方式寻求解决。

欢迎来自粤港澳大湾区的广东省干部访日团。2017年11月,我在深圳参加论坛时,曾经提过一个意见,那就是粤港澳大湾区的建设会比东京湾大湾区的建设难。为什么这么说?因为建设大湾区的根本是要打破区域之间的制度壁垒,让人畅通、货物畅通、社保畅通、教育畅通、产业畅通,如果上述几个领域无法实现畅通的话,那么大湾区的建设最终还是各个城市各自为战,等到年底,把几个城市的数字一加,就变成大湾区的辉煌业绩,成绩单看起来很好看,其实压根儿就没有形成"大湾区"。

东京湾大湾区的建设前后花了30多年的时间，直到21世纪初，才宣告建成。那么，东京湾大湾区在建设过程中，有哪些做法与经验值得我们参考的呢？

在谈到东京湾区时，我先跟大家讲一个历史故事。

1868年，明治天皇登基，长达数百年的幕府时代结束。明治天皇那时才15岁，他第一次从京都来到东京，一下子就喜欢上了这座城市，于是决定将首都从京都迁到东京。东京当时的名称叫江户，明治天皇下令将江户改名为东京，因为从京都的地理位置来看，江户是位于京都的东边，因此称为"东京"。

明治天皇为何会喜欢东京？因为东京有一个海湾，水产十分丰富。大家到东京吃寿司，往往会看到这样的招牌，叫"江户前寿司"。这个"江户前寿司"是什么意思呢？就是从东京湾里捕捞上来的，没有经过腌制加工的新鲜的鱼肉制作的寿司。

为什么东京人对于寿司会有如此骄傲的叫法，是因为京都位于内陆地区，古代没有冰箱，也没有汽车，日本海或者太平洋沿岸捕捞上来的鱼要运送到京都，一般需要2天的时间。在夏天，2天的鱼是要发臭的，所以，京都出现了用盐水腌制过的鱼，以至于京都的寿司大多数是用腌制过的鱼肉来做的，与东京的寿司不一样。

东京湾是一个面向太平洋的优良港湾，它分为东西两侧，东侧是千叶县的房总半岛，西侧是位于神奈川县的三浦半岛，而湾底就是东京的银座地区。通过两个半岛之间狭窄的浦贺水道与西邻的相模湾会合，东京湾与太平洋相连，面积约1320平方千米。

依托东京湾发展起来的东京首都圈，包括东京都、埼玉县、千叶县、神奈川县等"一都三县"，面积13562平方千米，占全国总面积的3.5%。GDP总量约占全国的1/3，常住人口为3800万人。

从20世纪60年代开始，日本政府就开始谋划构建东京首都圈，将东京和周边的几个县，类似于中国的几个省联合一起共同开发建设，实现无缝对接。而这个都市圈的形成还依赖一个港湾区，那就是东京湾。这个纵深80千米的湾区，将周边的城市有机地融合在一起，以此形成了世界上人口最多、城市基础设施最为完善的第一大都市圈。

目前世界公认的成熟湾区有八个，分别是美国洛杉矶比弗利山庄、美国纽约长岛、日本东京湾、澳大利亚布里斯班的努萨湾、澳大利亚悉尼双水湾、中国香港浅水湾、新西兰霍克湾、马来西亚不老湾。这八大湾区的共同点是不仅拥有一线的海景资源和港口地段，而且在时间的洗礼下造就了优质的人文氛围与人居环境。在这八大湾区里，由全球最高水平的建筑工艺造就的经典传世之作比比皆是。

日本的东京湾区作为世界上第一个主要依靠人工规划而缔造的湾区，成为人工规划湾区建设的典范。

东京湾区是怎样发展起来的呢？它的开发始于江户时代。17世纪初，随着日本政治中心从关西地区移向关东地区，江户也就是东京，逐渐成为日本新的经济中心。到了18世纪，江户已成为全国最大的消费市场，每天都有来自全国各地的商船在东京港停泊。江户人口已达100多万。

东京湾的现代产业开始于明治维新之后。第一波的建设始于19世纪后半期。由于实行改革开放，日本从欧洲引进了大量的先进工业，主要有纺织业、机械加工业和炼钢产业。这些产业必须依托于港口，建成临港工业。东京湾良好的岸湾环境为这些产业的发展提供了条件。

第二波的建设是在第二次世界大战结束之后，尤其是从20世纪60年代开始，日本战后经济迅速恢复,城市化加速,环绕东京湾的海滨90%都被开发成人工海岸线,出现了很多人工岛屿。截至目前,东京湾填海面积已达253平方千米,建成了像"台场"这样的CBD商务区和像"晴海"这样的现代化港区。东京迪士尼乐园、羽田机场等都是建在填海的土地上。

东京湾在开发中逐渐规划建成了两大工业地带,以银座为中心,向西(川崎市和神奈川县方向)发展出京浜工业地带,向东(千叶县方向)发展出了京叶工业地带。这两大工业带集中了包括钢铁、有色冶金、炼油、石化、机械、电子、汽车、造船、现代物流等产业,成为全球最大的工业产业地带;还包括了金融、研发、文化和大型娱乐设施、大型商业设施等,成为世界有名的金融中心、研发中心、娱乐中心和消费中心。这两个工业地带可以说是世界上最大最先进、出口实力最强的新型工业地带。工业地带与东京的金融、总部、研发等功能紧密互动,使得日本在战后很快成了世界重要的制造业大国、出口工业大国,这就是日本成功的一大秘诀,也是东京湾区能够成为世界综合性湾区的一大成功经验。

东京湾拥有六大港口,分别是东京港、横滨港、千叶港、川崎港、横须贺港和木更津港,其中横须贺港为美国海军第七舰队和日本海上自卫队的基地。这六大港口与羽田、成田两大国际机场和6条新干线连接在一起，构成了东京湾与日本和全球主要城市之间的海陆空立体交通网。同时，这六大港口和附属的仓库群，从全球进口的粮食、水果到奢侈品的消费物资，支撑着东京首都圈3800万人高质量的消费。在日本全国按金额计算的货物进口量中，东京湾占到了38.3%。

大都市化的一个重要特征是城市人口规模的巨大化。世界上第一个超大型城市群出现在1950年左右，据联合国的统计数据，当时有两个超过1000万人口的城市：一个是东京首都圈，即围绕东京湾的一都三县；另一个是纽约。这两个超大城市群都是依托于港口优势发展起来的临海型城市群。

人口聚集带来了以服务业和知识经济为主要内容的新经济，又称"聚集经济"。自20世纪60年代中期新干线开通后，东京与全国其他城市实现了点对点（市中心对市中心）无缝对接，加速了人口的大聚集。1950年东京大都市圈人口达1128万，2015年已达3800万。在全球有千万级以上人口的29座超大城市中，东京大都市圈排名第一，第二位是印度新德里为2570万人，第三位是中国上海为2374万人，北京排名第七，为2038万人。东京都的人口密度已高达98.2%，而东京首都圈也达89%（日本全国为67.3%）。

大规模人口聚集与大规模交流相辅相成，形成了东京湾区经济的特色，即体量大，多样性强，政治的、商业的、研发的各种功能交织在一起，有着良好的相乘效应，总体效率非常高。服务业、研发、信息产业等已经成为今天引领城市新一轮大发展的驱动力。这些领域与开放、交流有着密不可分的关系，全球性人才交流在经济活动中变成很重要的因素。

东京湾区是一个人工规划建设的湾区，那么在整个东京湾区的开发建设中，有没有一个政府机构来统筹规划和管理这个湾区的开发呢？还真的没有。这里就有一个问题引起我们的兴趣：谁来管理这个湾区的开发？

东京湾区内有"一都三县"，包括若干大城市和中小城市。在开发中，既保持"谁开发谁拥有"的基本原则，同时建立起相互协作的沟通机制，对湾区和城市发展中的问题采取会议协调协商的方式寻求解决。

目前，对整个东京湾区的开发管理，主要的协商机构是"东京湾港湾联协推进协议会"，这个协议会由日本政府的国土交通省关东地方整备局港湾空港部牵头，东京湾所有的地方政府一起参加，协议会事务局设置在横滨市。还有由各海运公司和港区开发公司、沿港工厂企业共同参与的东京都港湾振兴协会。

日本是一个市场经济国家，许多事情不可能强制性执行。东京湾开发建设的一条成功经验，就是保持湾区建设的长期性和协同性，并牢牢依靠规划，坚守规划。日本政府的国土部门、交通部门、产业部门等对区域发展都有各自角度的布局和规划，各都县和城市也有自己的布局和规划。所有这些规划的衔接，不是由中央政府出面来完成的，而是由各种智库居中协调实施的。因为日本的政府决策者在不断变更，每个时代又都有每个时代的诉求，唯一对整个东京湾的开发有整体把握的就是智库。例如，日本开发构想研究所、东京湾综合开发协议会等，作为衔接各种规划的智库对本地区的发展有长期的研究、认识和推动。他们的思想是通过参与和主导各种各样的规划来不断落实，而政府也尊重与重用这些智库，把他们作为开发管理东京湾的一个重要力量。

坚守规划，是东京湾开发建设成功的第二大经验。京浜、京叶两大工业地带以东京为中心，分别向环抱东京湾的两侧延伸。这种规划布局，就是将工业地带与东京中心城区大量人口实施一定的隔离。而沿岸各城市的湾区开发，必须要服从于已经达成协议的规划案，一旦提出更改，就必须获得东京湾港湾联协推进协议会成员的一致同意。

坚持开放性和国际化，是东京湾开发建设成功的第三大经验。东京湾拥有众多良港，只是在物理上提供了对外交流的门户，更重要的是开放程度，它决定了港口城市的国际化氛围，东京湾区正是具备了这两个方面的因素。东京湾不仅汇聚了日产汽车、丰田汽车、日本制铁、索尼、佳能、NEC、资生堂、软银等世界顶级的跨国企业总部，而且汇聚了微软、华为等世界著名外资企业的研发中心。更为重要的是，东京是日本政治经济文化的中心。东京湾区的开放性和国际性，使得整个湾区的发展能够敏感地捕捉到世界政治经济不断变化的内容和趋势，让东京湾的建设紧跟世界的潮流，甚至引领世界经济发展的潮流。

东京湾大湾区能够实现统合，"一小时生活圈"的建设起到了关键性的作用。而能实现"一小时生活圈"的背后是靠公交、地铁、轻轨以及机场等提供强大支撑的，东京附近六大港口与羽田、成田两大国际机场和6条新干线连接在一起，构成了东京湾与日本其他地区和全球主要城市之间的海陆空立体交通网。在发展原则上，日本实施"先地铁轻轨、后私家车"的理念，主张大力发展地铁。自1927年以来，东京地铁网一直在完善发展，由城市中心向北、向西呈扇形发展。也就是说，你在东京市中心坐地铁，可以直接到达位于千叶县、埼玉县、神奈川县等郊外的家，实现了跨城区的交通大联网。

目前，东京已有13条地铁线路和285个车站，日均客流量高达1100万人次。另外，东京还建成庞大的轻轨网，总线路有20条，长度达到1700千米，日均客流量更是惊人，达到2800万人次。

交通是城市发展的翅膀，湾区建设必须加大对基层设施的投入，大力发展廉价的城市公共交通系统，打破交通节点，从政策上确保城市人员的快速流通。东京是日本最大的金融、商业、管理、政治、文化中心，也是对外贸易、金融服务、精密机械、高新技术等高端产业的集中地，如果没有完善的交通体系支撑，东京湾区就不可能得到快速的发展。

同时，教育对于东京湾大湾区建设显得尤为重要。东京是日本的文化教育中心，各种文化、教育机构林立，坐落在东京的大学占日本全国大学总数的1/3,在这些大学就读的学生则占到日本大学生总数的一半以上,比如我们熟悉的东京大学、东京艺术大学、早稻田大学、东京理科大学等都坐落在东京。

人才集聚是经济发展的基础,教育是湾区健康运行的血液。从全球范围来看,三大湾区的教育和科研机构密集程度远超其他地区。东京大学林立,集聚了120多家民间研究机构和300多家科技公司,这些不同层次的智力机构为湾区建设提供了强大的智力支撑。

东京湾大湾区在开发建设中也有很沉痛的教训,那就是环境的污染。战后,东京湾沿岸成了工业大会战地区,钢铁、化工、造船等重污染企业将废水废料排入东京湾中。同时林立的大烟囱让东京看不到蓝天。严重的环境污染还引发了严重的社会危机。东京湾内大规模填海造地也带来了对自然环境的破坏,其负面影响至今还存在。好在从20世纪70年代开始,日本政府下定决心铁腕治理东京湾的环境,经过30多年的努力,终于东京湾的水变清,鱼儿洄游,天空变蓝。这种"先污染、后治理"的做法,令日本政府、社会和企业付出了沉重的代价。这一教训,也值得中国政府在开发湾区中认真吸取。

14 | 遭遇台风暴雨袭击,东京为何不会淹

东京都的防洪排涝,主要有两大关键点:第一是如何保证来自周边山区的洪水通过三大河流尽快地排入海中,不会溢出河堤流入市区。第二是城市的积水如何尽快地通过地下排水系统流入大河,不至于淹没道路和城区。

我们在城市建设管理中,遇到一个头疼的问题,就是城市的积水。一遇到台风暴雨,总会有一部分城区被淹,单是汽车报废,就是一笔巨大的财产损失。

我去武汉参加立信会计事务所举办的财经论坛时,刚好遇上武汉发大水,飞机飞不了,最后临时改坐高铁。到了武汉一看,许多街区被淹,地铁车站进水,仿佛一座城市变成了江海,苦了这座城市的百姓。我生活的城市是东京,东京一年要遭遇五六

次强台风的袭击，因此一个小时内降下100毫米的暴雨是经常的事，但是我们发现，无论多大的暴雨，东京很少发生被淹的问题。为何能够做到这一点，因为东京建立了很好的城市排水系统，并制定了法律法规来规范城市的雨水处理。

今天在座的都是来自中国各地的城市规划专家，我集中讲一个问题，就是东京如何建立有效的抗洪排涝体系。

2019年的第19号强台风被称为"史上最强的台风"，其登陆日本列岛时的最终风力是15级，但是因为台风直径大到2000千米，因此暴雨覆盖了大半个日本列岛，尤其是台风登陆的关东地区。雨量有多大？48小时内的降雨量达到了1200毫米，什么概念？两天内下了内蒙古地区2年的雨量。

东京附近的千叶县、长野县、福岛县、群马县等半山区地区，因为洪水的泛滥，有十几条河流124处决堤，造成许多地区被淹，有90余人死亡和失踪。尤其像福岛地区，地震海啸与核辐射没有让他们死去，这次的洪灾，却葬送了他们的生命。

但是，台风中心穿越东京市中心，东京遭遇如此巨大暴雨的袭击，却没有发生城市被淹的问题。为什么？

东京是一座国际大都市，建立在一个临海的冲积平原上。它三面环山，东面朝海，一旦下雨，山上的水就会往整个城市里流。因此，东京市中心形成了隅田川、荒川和江户川三大河流，理论上，东京是最容易发生洪涝灾害的地区，因为一年至少会遭遇五六次强台风的袭击。

我去日本国土交通部采访的时候，遇到了"水管理与国土保全局"副局长平田先生。他告诉我，东京都的防洪排涝，主要有两大关键点：第一是如何保证来自周边山区的洪水通过三大河流尽快地排入海中，不会溢出河堤流入市区；第二是城市的积水如何尽快地通过地下排水系统流入大河，不至于淹没道路和城区。

那么，东京是如何做到这两点的呢？首先，日本国土交通部和东京都政府对于流经市中心的隅田川、荒川和江户川三大河流，分别成立了各自的河川管理所，对这三条江河进行疏通和监控管理，所有的江河都筑有牢固的大坝，同时拥有开阔的河床，没有发生过河水溢出大堤的事情，更没有河水冲垮大堤的问题发生。

在城区的排涝方面，东京都建立了两大系统：第一是路面积水的迅速排放系统，第二是地下水的蓄水系统。

如果大家去过东京银座的话，你仔细看一下它的路面，就会发现它的路面不是水泥大道，也不是石板道或者大理石路面，而是比较粗糙的碎石路面，这种碎石路面有许多细小的空隙，它是干什么用的呢？就是排水。也就是说，当老天下起暴雨后，雨水不是流入路边的排水孔，而是直接从地面渗透到地下。

大家一定会说，雨水渗透到地下，泥土层雨水饱和的话，自然会抗拒雨水的再渗透，如果再遇到暴雨的话，不照样会出现积水吗？银座路面的设计，其实有一个很大的窍门，即路面的下方是一个大型的排水沟，雨水通过路面直接渗透到排水沟，再通过排水沟进入地下排水系统，因此，不管下多大的雨，路面上都不会出现积水。东京的很多道路都是采取了与银座道路一样的设计，因此，东京城区不会出现积水，道路的渗透功能立了功劳。

那么，雨水进入地下排水系统后，在河水泛滥且高出地面的情况下，雨水是很难直接排到江海中的。那么，这么多的雨水往哪里流呢？东京想出了第二个办法，就是建设地下水库。

东京在20世纪六七十年代也曾发生过老城区淹水的问题，原因是暴雨带来的雨水不能及时排泄。从

20世纪80年代开始,东京开始建设大型的地下水库,先把雨水集中起来,然后再慢慢排放。东京整个城市大大小小的地下水库,已经达到了37座,可以在短时间内将地面的雨水收集起来。而且地下水库管理公司还可以根据气象预报,随时调整地下水库的存水量。等到天气好时,再把这些地下水排入江海中,或者使用大功率抽水机直接抽排到江海中。

东京地下排水系统牛的不只是这些地下水库,他们还建成了全世界最先进的全城地下分洪系统,这个地下分洪系统标准名称叫"首都圈外郭放水路",实行的是全程计算机遥控管理。

这个分洪系统有多大?它是一条位于地下50米处、全长6.3千米、直径10.6米的隧道。隧道连接着东京市内长达15700千米的城市下水道。我去参观时,下到最底层,一根根巨大的水泥柱子撑起了一个巨大的地下空间。

这一工程的管理中心位于东京都北郊的埼玉县境内,由江户川河川事务所管理,总投资2400亿日元(约140亿元人民币),从1992年开始建设,整整花了15年的时间,在2007年才全部建成。

排水隧道通过5个高65米、直径32米的竖井,连通东京首都圈的几大河流,作为分洪入口。隧道的末端，还有一个高25.4米、长177米、宽78米的巨型地下水库，蓄水量为67万立方米，59根重达500吨的水泥柱子可以抵御洪水的冲击，4台14000瓦力的燃气轮机驱动的大型抽水机，可以将库水以每秒200立方米的速度抽入江户川，将水排入大海。

这个巨型的地下水库只在雨季使用，平时是干的，可以免费参观。这个巨大的地下空间往往给人以一种心灵的震撼，不仅会觉得自己的渺小，也会产生一种庄严、神圣之感，因此，日本人把这个地下水库叫作"地下神殿"。

当这次19号超强台风来袭时，这一分洪系统立即启用，从山区冲下来的洪水立即被这一分洪系统分流处理，结果东京包括北郊的埼玉县都没有发生洪水泛滥的问题。

除了政府投资建设的这种大型地下水库和排水系统之外，民间的开发商在开发高层住宅和办公楼时，也被要求建设地下蓄水系统。

日本在20世纪90年代修改了建筑法，要求大型建筑物和大型建筑群必须建设地下雨水储存和再利用系统，也就是要求各家"自扫门前雪"。

这一系统就是将建筑物周围的雨水收集起来，储存于地下建设的储水沟渠中，而在平时这些雨水将用于冲洗大楼的厕所和浇灌花木等。

新东京电视塔是东京的一个新的标志性建筑，名叫"天空树"。"天空树"的整体工程从2008年7月开始动工，到2012年2月竣工，其高度为634米，被吉尼斯世界纪录认证为"世界第一高塔"，成为全世界最高的自立式电波塔。塔的基部为三角形，往上逐渐转变为圆形，并在350米及450米处各设一座观景台。350米为第一展望台，包括餐厅、咖啡厅及商店等，地板全是透明的，以每平方米耐重800千克的强化玻璃制成，仿佛凌空站在350米高空上俯瞰地面。450米为第二展望台——"天望回廊"，全长110米环状，可以观赏东京夜景。

"天空树"的雨水处理系统是东京高层建筑雨水处理的典范。它在地底下建立了一个巨大的蓄水池，将它周边500平方米的雨水全部收集到这一地下水库储存起来。为什么要储存起来呢？因为它要利用这些雨水来做一件事情，那就是塔楼的温度调节，也就是"空调"功能：在天气变冷时，地热能够将地下水库中的水加热，于是热量通过特殊的空调系统为整个电视塔提高室内供暖，虽然达不到足以御寒的温度，但是可以大大降低空调的设定温度，起到节能的作用。而到了夏天，地下水温低于电视塔的室温，于是寒气再通过空调系统给电视塔供冷降温。

从每栋楼的蓄水排水到整个城市的雨水应对系统的建设,虽然需要投入一定的资金,但是与一场暴雨淹没半个城市所造成的财产与生命的损失相比,投资建设这些地下蓄水排水系统所耗资金,还是微不足道的。

保护好一座城市的排水系统,不仅是政府的责任,也是每位市民的责任。东京都政府有一个专门负责排水与城市污水处理的机构——东京下水道局,为了保证地下排水道的畅通,东京下水道局从污水排放阶段就开始介入。他们规定,一些不溶于水的洗手间垃圾不许直接排入下水道,必须先通过垃圾分类系统进行处理。另外,做菜产生的油污也不许直接排入下水道,因为油污除了会导致恶臭外,还会腐蚀排水管道。因此,东京下水道局在自己的网站上专门开设介绍健康饮食的网页,同时还开设料理教室,给市民推荐少油、健康的菜谱,介绍去生活油污的知识与技巧,指导市民避免将大量的生活油污排入下水道,以免堵住管道。每栋住宅楼和办公楼的厕所废水都被要求进行净化过滤,甚至达到可以饮用的标准,才允许被排入江海,或者作为中水,用于浇花和冲厕所之用。

所以，东京都政府在防洪排涝问题上，着眼于保护城市排水系统，保证地下排水管道的畅通，以免在遭遇暴雨时排水系统受阻，导致城市受淹。

东京的这些做法也是从过去城市受淹的惨痛教训中总结出来，并认真加以改善与管理的。中国的各个城市，地理环境、自然环境可能会与东京不一样，但是东京的这些做法还是值得中国的城市管理者们参考。

匠人 | 历久弥新

15 | "日本人"到底是一群什么样的人

"金钱并不代表一切,和平的生活才是美好",这一理念经过70余年的反省,已经成为日本整个社会的根本理念。这种平和的社会心态难以成为社会快速发展的助推力,但是会让他们过上一种祥和安宁的生活。

感谢各位,牺牲星期六的休息时间来参加我的深圳签售会。

今天的讲演主题是,"日本人"到底是一群什么样的人?

其实要说清这个问题,很难。

与其他在日本的中国同胞相比,我因为从事媒体工作,有更多的机会接触到日本各地和各个层面的人,走进他们的生活,感知他们的心灵。但是我发现，就跟我们中国人一样，不同地域的日本人，有着不同的个性与脾气。譬如说，东北地区和北海道的人的忍耐心要比九州地区的人强；而京都人的傲气，足可以让东京人不敢正眼相视。但不管怎么样，如果一定要用一句话来概括日本人的个性特征的话，我的直觉告诉我的只有两个字——平和。

"平和"与留在我们中国人心目中日本人的"残暴"有着千万里的距离。这种距离，也造成了我们对于"日本人"认知上的矛盾，你无法把残暴的"日本鬼子"与彬彬有礼的"日本人"画一个等号。

我曾经问过几位日本老兵这样一个问题："侵华战争时期，你们为什么对中国人那么残暴？"他们犹豫着说："因为当时日本的教育就是把中国人当作劣等民族。"而且他们辩解说，去中国的陆军都是农村兵，城市兵都去当海军和空军。

旧日本军队对于中国的伤害与残暴，是我们中华民族永远抹不去的痛！但是，这么多年过去了，日本人是否依然还像他们的祖辈那样残暴？答案自然是否定的——每位到过日本的中国人，都会有这种感觉。

是什么原因令日本人的特性出现了180度的大转弯？首先是因为战后日本制定了一部放弃军队放

弃战争的"和平宪法",使得日本人在这部和平宪法的框架下走过了70余年和平发展的道路,过上了半个多世纪没有战争的幸福生活。还有一点,那就是战争的残酷性,让日本人不敢,也不再期望重新去过那么一种痛苦的战争生活。其结果,是日本人比许多国家的人民更渴望和平,更反对战争,更警惕军队。因此,我们再用过去的眼光来看待现在的日本人,往往会出现认知上的偏差。

那么,现在的日本人,到底是一群什么样的人呢?

我觉得,从个性上来说,日本人总体是平和的,较少有暴力倾向。我们几乎看不到日本人在公共场所打闹吵架,常常看到小学生自己走路上学,看到公司白领深夜一个人戴着耳机听着音乐走回家。除了机场口岸,日本没有第二处安检的地方。当遭遇难以跨越的坎儿,日本人大多会选择自杀。

日本人是彬彬有礼的。无论是地铁轻轨上的宁静与礼让,还是友人告别时轻柔的鞠躬道别,或者是客人离开温泉旅馆时职员们的列队相送,留给人们的总是一种温馨。而这种彬彬有礼也催生了日本一种特殊的文化,叫"暧昧"。这种"暧昧"就产生一种距离美,让你感觉到日本人的一种社会美学,礼貌待人，而任何一种礼貌，都会用一种特殊的仪式加以表达，形成了一种日本社会特殊的文明符号。

日本人又具有内敛保守的个性。不给人添麻烦，是日本人生活的基本规则，包括不给父母与家人添乱。因此，日本没有啃老族，没有"丈母娘经济"，年轻人在结婚时，绝对不会要求父母亲帮他买房子买汽车。国民没有对于财富的狂热追求，人与人之间没有房产、汽车、孩子的攀比。做自己喜欢的事，干自己想干的事。即使是像日本首富孙正义、柳井正，他们也从来不会开着豪车和私人飞机到处张扬，他们甚至把子女名字都隐藏了起来，不让自己的富裕去刺激弱者的心灵，以寻求社会最大程度的和谐气氛。

日本人的内敛与守规矩，也带来一个很大的问题，那就是做事过分胆小、谨慎，缺乏一种勇于创新的闯劲。能够默默地做出精致的产品，但是在如何推销产品如何开拓市场上，大多会输给中国人。

日本人又是一个极重家族荣誉与个人荣誉的人群，因此他们热衷于传承家业，恪守传统，并为此催生了3.5万多家百年企业。同时日本人遵守法律与秩序，不敢轻易犯罪，很怕自己有犯罪记录，因此影响自己一生的荣誉。这种法制意识与个人的荣誉感，也使得日本成为世界上治安最好的国家之一。

日本人的勤劳也是举世闻名，在工作时间，日本人总是在忙碌。在任何的工作场合，手里都不会握着个人的手机。我们可以遇到70几岁开计程车的老大爷，也可以遇到一大早在公寓楼周边扫地的主妇；我们可以吃到80多岁的老奶奶做的拉面，也可以吃到90岁的老大爷捏的寿司。

也许有读者问："日本人真的有那么好吗？"我想说，日本人的主流便是如此，当然并非人人都是这样。

2019年7月18日上午，京都动画工作室突然出现爆炸随之发生火灾，事故造成京都动画工作室从1层到3层均被完全烧毁。在这场大火中，共有36人遇难，33人受伤，遇难者中包括21名女性和14名男性，他们的年龄从20多岁到60多岁不等。

这把大火是一位名叫青叶真司的男子放的，他从加油站买了两桶汽油直接泼洒在工作室的一楼，并点火焚烧，自称纵火是因为"自己的小说被剽窃"。

平时看上去老实本分的日本男人，一夜之间为何会成为杀人犯？这里面的原因有待于警方去侦查，但是从一个侧面也反映出，日本社会总体治安虽好，但是恶性事件也会发生，日本人也容易从一个极端走向另外一个极端。

今天在场的读者中,有不少是父母,有的还带了孩子来。那么,日本人是如何教育孩子的?我跟大家讲一个故事。

我家的隔壁,有一位很可爱的日本小女孩,名叫绫子。绫子今年10岁,每天早上7时半,一定很准时地打开家门,跟妈妈说"我走了",然后就一个人蹦蹦跳跳地下楼,去学校上课。

我每次从海外出差回来,绫子总会跑到我家,问我一句话:"伯伯,有什么好玩的东西啊?"我总是会拿出一些好吃的好玩的小东西给她。有一次,我问她:"你长大以后想干什么呀?"她想了想,回答我说:"我想开蛋糕店。"我说:"你的梦想也太简单了。"她说:"做卖花姑娘也行。"

绫子的梦想并不远大,但是,这是一个日本小女孩纯真的梦想。对于她来说,每天可以看到吃到这么多的蛋糕,每天生活在鲜花丛中,那才是美丽的人生。

从绫子身上,我对于日本孩子的梦想产生了极大的兴趣,因为孩子们的梦想,或者说未来的职业选择,反映了一个国家的教育和社会的心态。

我上网去查了日本小学生的梦想资料,发现日本的一家叫第一生命保险的保险公司,他们每年都要举行一次小学生的理想调查。这项调查的题目叫"如果你成了大人，你想做什么？"。我们来看一下日本的孩子们都有些什么理想。

男孩子的理想当中，第一是想当足球选手，第二是想当棒球选手，第三是想当警察，第四是想当地铁轻轨和大巴司机，第五是想当木工师傅，第六是想当医生，第七是想当商店营业员，第八是想当学者和博士，第九是想当宇宙飞行员，第十是想当消防员和救护队员。

我们再来看一看日本女孩子的理想。女孩子中，第一是想当蛋糕店的售货员，第二是想当幼儿园的老师，第三是想当护士，第四是想当医生，第五是想当学校的老师，第六是想当歌手演员之类的明星，第七是想当宠物店的店员，第八是想当服装设计师，第九是想当商店售货员，第十是想当钢琴小提琴老师。

第一生命保险公司每年都在全国各地实施这一调查，调查对象是小学生，今年从1100人的问卷调查当中，他们汇总了上述这一结果。

从这份调查结果我们可以看出，日本男孩子最热衷的就是体育选手。他们为什么想当体育选手呢？因为日本的电视台几乎天天都在播棒球、足球的比赛，所以，男性的那种健美和拼搏的精神，影响了许多男孩子的身心，让他们觉得长大以后当体育选手最有魅力。

日本男孩子为什么第三个理想是当警察呢？因为他们觉得当警察很威武，而且总是主持正义惩治坏人，帮助别人。日本的各大电视台中，有关警察破案的电视剧几乎占据了每天下午的电视频道。

让我感到意外的是，男孩子理想的第五个职业，居然是木工师傅，而且排在医生之前。难道木工师傅比医生还有魅力吗？我想，这可能与日本的建筑环境有关。在许多国家，木工师傅是一个不怎么被人看重的职业。但是在日本，木工师傅是一个很好的工匠的形象，因为日本的许多家庭的房子都是一户建的单门独户，就是我们中国人说的别墅。这种房子基本上都是木结构，所以造房子的时候，需要木工师傅很精细地把一根根加工好的木材拼装起来，然后建成一栋房子。所以在孩子们的眼中，木工师傅那种专注的神情与精益求精的精神，以及可以用手搭建起一栋房子的神奇，令孩子们敬佩。

我也特别注意到，无论是男孩子还是女孩子，在他们的理想当中，有两个职业没能进入前10名，这两个职业，一是公司老板，二是军人。

日本的孩子为什么不想当老板？或者说，根本就没想到要当老板呢？针对这个问题，我专门去请教了东京教育大学的吉田教授。吉田教授跟我说，其实这个原因很简单，首先是日本社会对于企业经营者没有进行一种英雄宣传，在日本的电影电视剧当中，很少有以老板为题材的作品。所以，孩子们首先对老板这个概念是比较模糊的。还有一个很重要的原因是日本社会中很少有露富和张扬自己财富的人，即使你家很有钱，你的爸爸妈妈都是老板，孩子一般都不会去张扬，怕成为同学中的"孤儿"，每天上学也是和同学一样穿着校服去上课，不会有豪车到校门口接送。另外一个方面，孩子的父母都知道，当老板不是一件容易的事情，每个月自己领工资和给人家发工资，是两个完全不同的概念。所以日本成年人都知道创业的艰难，当老板的不容易。自然，父母也很少会鼓励自己的孩子去当老板。我们看到，日本的大学毕业生，很少有人毕业后去创业，都乐意去当一个公司的白领。因为大家知道，老板并不是"有钱人"的代名词，更多的是需要承担一份经营企业的艰苦和责任。

在对父母的一项舆论调查中，有这么一个问题："你希望自己的孩子将来从事什么职业？"父母们的第一个选择是公务员；第二个是大公司的职员，过上一种安稳的生活。在前10位中，没有人希望自己的孩子当老板。所以，日本的社会环境和社会心态决定了孩子从小就没有当老板的理想。

在孩子们的理想中，"军人"也没有进入前10位。这里也有几个主要原因，一是因为日本人除了在电视新闻中，偶尔看到地震、水灾灾区实施救援的自卫队影子，其他时候是很难遇到自卫队员的。自然日本也没有以自卫队为题材的影视剧。日本长期以来是一个和平的社会，不宣传打仗之类的事情，再加上日本过去发动过侵略战争，给中、韩以及东南亚国家带来了苦难，因此，孩子们的心中，从小有一种对于战争的厌恶感，自然也没有人想到要去参加自卫队当军人。

那我们回过头来看看日本的女孩子，她们的人生理想就像我的小邻居绫子一样，许多女孩子就想当一名蛋糕店的售货员。这个梦想在第一生命保险公司多年的调查中，已经连续19年排名第一，这么多年来，孩子们的这个梦想一直没有改变过，也说明日本的教育与社会环境没有发生巨大的改变。

女孩子们的第二个梦想是当幼儿园的老师。可能孩子们自己大多不是独生子女，都有一两个兄弟姐妹，所以，孩子们在幼儿园的那种开心的生活，兄弟姐妹之间的一种美好相处，令他们觉得当幼儿园老师是件很美好的事情。

在我们的印象中，日本女孩子都很想成为一个明星，但是事实上，这个梦想只是排在第六位，比宠物店的店员稍微好一点。所以说，当明星并不是孩子们的一个大梦想。相反的，他们觉得当护士阿姨也很好，因为可以不断地去帮助人关爱人，所以护士在她们的理想选择中，已经排到了第三位。

一个孩子的梦想，是与他生活的环境和教育有关的。总体来说，日本社会比较平和，所以，男孩子们更多地倾向于阳光、富有朝气的职业。而女孩子们大多追寻美丽和可以帮助关爱他人的工作。孩子们的梦想是平凡的，当然这些梦想在他们长大之后会有许多的改变。他们当中，还会有人去当老板去当自卫队员，只不过这两种人不会成为社会职业的主要候选人。

"金钱并不代表一切，和平的生活才是美好"，这一理念经过70余年的反省，已经成为日本整个社会的根本理念。这种平和的社会心态难以成为社会快速发展的助推力，但是会让他们过上一种祥和安宁的生活。

说完孩子，我们再来说说富豪。日本最有钱的人都是一些什么人。

近十年来，"日本首富"的位子总是在两个人之间轮回，不是优衣库创始人柳井正，就是软银集团创始人孙正义。两个人还是好朋友，在一栋楼里办公，柳井正还是软银集团的独立董事。

我几年前翻译的一本书《一胜九败》，不知为何，最近又被炒了起来。

这本书是优衣库创始人柳井正先生写的，写的不是他的成功故事，而是他失败的故事。他认为，优衣库之所以能从一家街头服装店发展成为世界著名的休闲服制造销售商，是因为它总是在不断地尝试着失败，所谓"十次挑战，九次失败"，但是总因为一次的胜利导致优衣库的成功。

我很敬佩柳井正先生，因为他喜欢把自己失败的故事讲给别人听，让别人从他的身上去吸取教训，而不是像其他成功的企业家那样，写本书总是要把自己打扮成少年天才。

还有一点值得敬佩的是，柳井正先生一不开发房地产，二不玩互联网概念，就是凭着最最传统的产业——服装业，连续几年成为日本的首富！

以2018年为例，根据美国福布斯杂志的评选，日本首富是孙正义，他的总资产为231亿美元，而柳井正的总资产为208亿美元，排名第二。

那么，我们来看看，日本排名前十位的富豪，他们都是靠做什么产业获得成功的呢？

排名第一位的孙正义，他领导的软银集团包含三大块业务：一是日本最大的移动通信公司之一的软银移动通信公司；二是日本最大的门户网站——雅虎；三是IT、AI产业投资（是阿里巴巴最大股东，拥有27%的股权）。

排名第二位的是优衣库创始人、日本迅销集团总裁柳井正，他只做一件事：设计、制造、销售休闲服。

排名第三位的是滝崎武光，他是基恩士公司（Keyence）的创始人兼总裁，这家公司是为工厂的自动化系统提供传感器（如光电眼）和其他电子设备的主要供应商。资产总额为181亿美元。

排名第四位的是森章和他的家族，森章是森托拉斯集团总裁，森托拉斯集团是日本最大的商业地产投资管理公司之一。森家族曾经是日本最富有的家族，在1991年、1992年连续登上福布斯全球富豪榜榜首。上海环球金融中心和东京六本木新城均属于森托拉斯集团投资管理的产业。资产总额为65亿美元。

排名第五位的是永守重信,他是日本电产集团的董事长。日本电产集团是日本最大的电子零部件制造企业之一,该集团生产的微型马达占据了世界手机的70%以上的市场。资产总额为60亿美元。

排名第六位的是三木谷浩史,他是日本最大的网上商城——乐天市场的创始人兼总裁,和马云干的是差不多的活儿。资产总额为56亿美元。

排名第七位的是高原庆一郎,个人护理用品专业公司尤妮佳(Unicharm)的创始人兼总裁。公司的主要产品包括尿布、卫生巾等。资产总额为53亿美元。

排名第八位的是似鸟昭雄,他是日本最大的家居连锁店NITORI的创始人兼总裁。NITORI的经营模式与"宜家"相似,但是产品更加实用化,目前已进入中国市场。资产总额为48亿美元。

排名第九位的是重田康光,他是日本通信公司——光信讯的创始人兼总裁。1988年公司创业时,只有100万日元(约6万元),3名员工。资产总额为43亿美元。

排名第十位的是三木正浩,他是日本最大的鞋子连锁超市ABC Mart的总裁。持有多达250多种高中端鞋类品牌授权,鞋子以物美价廉而出名。资产总额为40亿美元。

我们可以看出，这十名日本富豪所从事的产业，有3人是从事商业零售业（卖休闲服的柳井正、卖家居产品的似鸟昭雄、卖鞋子的三木正浩）；有3人从事与互联网相关的产业（软银集团的孙正义、乐天集团的三木谷浩史、光通信的重田康光）；有3人完全从事实业（基恩士的滝崎武光、日本电产的永守重信、尤妮佳的高原庆一郎）。只有1人是搞商业地产投资的（森托拉斯的森章），但资产与30年前相比，已经大幅缩水。

日本十大富豪所从事的产业，告诉我们一个道理：在一个经济环境十分成熟的社会里，行行都可以出状元，即使是从事最传统的产业，也可以成为首富。而成功的钥匙上只刻了四个字：匠心、恒心。

16 | 什么是日本的"匠人精神"

除了坚持,心态也是决定一个人能否成为"匠人"的根本要素之一。胜不骄,败不馁。悲喜荣辱融于平静之中,只有拥有不浮躁、不渴望暴富的心态,才能成就一生的事业。

大家都是中国金融界的高管,能够在中华人民共和国成立 70 周年前夕到日本考察研修,探究日本人的匠心精神的原理与传承,我十分钦佩。因为这些年来,中国的金融界一直认为美国的金融玩法是中国金融业发展的标杆。但是经过几次的沉浮,现在大家沉下心来,感觉日本的许多做法更适合中国实业的发展,更符合当前中国经济与金融互动所需。所以,我很期望大家在日本研修期间,能够好好研究一下日本金融界如何扶植实业,尤其是制造业发展的政策与做法,如何防范高利贷金融与受害者救济的法律法规，支撑中国经济走得更平稳、更合理。

其实，日本匠人的企业大多数是小微企业，小微企业之所以能够生存下来，很大一个原因是因为银行的支持。也就是说，日本的银行不会因为你只是一个只有两三名员工的小店而不给你贷款，相反会认为，日本整个社会就是依靠这些无数的小微企业的支撑，才发展繁荣至今。所以，我也呼吁在座的金融界高管们回到中国之后，也要多多支持小微企业。

在讲授"日本人的匠心精神到底是怎么形成的"这个主题之前，我先给大家讲一位日本著名匠人的故事，这位匠人的名字叫小野二郎。

小野二郎先生的故事，我在以前的讲演中，也提到过几次。但是，今天我想从匠心精神的角度，来解读这位"寿司之神"的匠人故事。

小野先生的故事，要从1932年开始讲起。那一年，他7岁。因为父母离异，他的生活没有着落，于是来到老家静冈县的一家寿司店里打杂。

小野先生一直到26岁，才来到东京银座的寿司店正式成为一名寿司师。到现在为止，他捏寿司捏了70多年，最终把自己也捏成了"寿司之神"，受到世界美食家们的追捧。日本政府授予他一个称号——"现代名工"，按照我们中国的概念，就是"国家工艺大师"。

老大爷如今已经94岁,身体不是很好,现在一个月到店里也就是两三趟,运气好的话,我们还能遇见小野先生,吃到他捏的寿司。

我去这家店里吃过一次,并有幸享受小野先生的服务。这家店位于东京银座一栋大楼的地下一层,营业面积也就30多平方米,属于地段很好、位置很差、地方很窄的不起眼小店。

但是,真是应了那句"酒香不怕巷子深",现在要订这家寿司店座位的话,没在三个月之前预约,你根本就订不到。而且进店之后,基本上就是一个套餐,3万日元,大约是1800元人民币。

2007年,日本开评米其林星级店以来,小野先生的店已经连续十多年保持了"米其林三星店"的荣誉。

为什么这家寿司店会这么牛?因为它做得十分的精美!精美到什么程度呢? 我来讲两个细节。

在我们许多人的印象中,寿司是回转的,一盘盘放在转盘上转到你面前,选自己爱吃的拿。凡是回转寿司店,基本上是属于大众寿司店,是老百姓解馋与填饱肚皮的地方。再高一个档次的话,是套餐式,把你所要的寿司做成一个套餐,一齐端上来。更高一个档次的是，你坐在宽敞漂亮的吧台上，寿司师当着你的面，一个个给你捏。你吃一个，他给你捏一个。

还有一个极高档次的，就是所有的鱼肉都是当天从鱼市场进来的新鲜的，或从著名产地直接空运过来，部分还是活杀。譬如说，金枪鱼一定要用青森县大间渔场钓上来的珍品鱼，虾一定要用北海道西北部的留萌市近海捕捞上来的红虾，也就是说，食材是最新鲜、最高级的，属于"万里挑一"。你坐在吧台上，寿司师根据你的胃口与嗜好，给你捏你喜欢吃和当天店里新进的稀罕鱼类，叫"随意套餐"。

小野先生的寿司店"数寄屋桥次郎"，就是这样的一家极品店。

吃小野先生的寿司，有一个很重要的规矩，那就是"20秒规矩"。什么是"20秒规矩"？小野先生告诉我，你必须在20秒之内把寿司吃掉。

我问他为什么必须在20秒之内把寿司吃掉呢？他说："寿司是有生命的，这个生命就是鲜度。寿司刚捏出来时，鱼肉与饭团的松紧度以及饭团的温度处于最佳状态，但是过了20秒以后，它的鲜度，还有鱼肉和饭团之间的松紧度就会发生变化，会影响你微妙的味觉。所以，当我把寿司捏好之后，放到你面前的餐板上时，你应该立即把它吃掉，那才有入口即化的感觉。"

这个"20秒规则",大家一定是头一次听说。听说了之后,你就可以理解回转寿司店里,为什么饭团显得那么硬,没有入口即化的感觉,为的是能回转长久。至于中国国内某些寿司店里干脆用机器做出来的冷冻饭团做寿司,那已经是属于"垃圾级"了。

有一次,一位外国女食客吃寿司时,把寿司咬成两块吃,结果米饭掉下来,小野先生看了之后,直皱眉头。他自己捏了一个寿司,演绎了一口闷的吃法,告诉这位女士,吃寿司千万不能咬着吃,设计成这个大小,就是为了能够一口吃下。

小野先生的寿司店里,也提供筷子。但是,如果你动了筷子,只能说明你还不是一位正宗的寿司食客。正宗的寿司食客,是不动筷子的,而是动手指。

当寿司放到你的餐板上,你要用手指抓起寿司,让寿司侧身,稍微蘸一点儿酱油,直接送进口中。千万不能把饭团在酱油碟子里来回滚,一滚,饭团全散了。

当然,在扮演一位正宗的寿司食客前,你一定要去洗手间,用消毒液将自己的手好好清洗一遍。

小野先生和他的弟子们,是用心在做寿司,把最好的食材、最好的服务送给每一位食客。那么，作为食客的我们，也必须要用心去吃。简单地说，你可以用手机拍寿司，但是你不能边吃边玩手机，这在小野寿司店里是一个大忌，因为你在享受顶级的寿司时，没有用心。没有用心，就是对寿司师们最大的不恭！

小野先生不仅对食客要求严，对于他的弟子，要求更严。

在小野寿司店里当学徒，不管年龄大小，首先必须学会用手拧毛巾。毛巾很烫，一开始会烫伤手，这种训练很辛苦。你没学会拧毛巾，就不可能碰鱼；过了这一关，你才可以碰刀，练刀功。然后还要学捏饭团的艺术。苦练十年之后，小野才会让你煎蛋块——玉子烧。看似平常的蛋块，实际上是寿司店里最难做的一道菜。一般的寿司店，都直接从超市进货，切了给客人吃。但是，小野先生的店，始终是自己做。

小野先生有一位徒弟中泽，他当学徒已经当了10年，但是师傅就是一直没有教他做玉子烧的绝活。到了第11年，小野先生终于答应教他，因为玉子烧是当学徒最后要学的手艺，也就是毕业考试。结果，中泽做一次，被小野先生否定一次，结果整整做了200多次，才获得小野先生的认可，最后毕业成为一名正儿八经的"寿司职人",这一过程,比读完博士后还要艰难。

小野先生一生中没有几个弟子,中泽是小野先生比较认可的传人之一。中泽毕业之后离开师傅,被纽约餐饮集团请去当了寿司主厨。

小野先生有两个儿子,都是他的弟子。大儿子现在是他的接班人,在银座店里当店长。小儿子则独立出去,在东京六本木开了一家新店。

小儿子做了30多年的"寿司职人",已经年过半百,但是小野先生对于小儿子还是不怎么认可,总觉得他还缺少些什么。

于是,老爷子的店里一个套餐要3万日元,小儿子的店里,1.5万日元就可以。所以,寿司食客们常开玩笑说,订不到银座店座位的人,才会跑到六本木店里去解馋。

小野先生不只是对弟子们严格,自己也十分自律。他外出时、睡觉时都要戴上白手套,防止手划破感染或者弄脏,影响捏寿司的工作,更为了保证寿司绝对的干净。所以,小野先生那双捏了一辈子寿司的手,被日本人称为"神手"。

小野先生的寿司店吧台,最多只能坐10个人。为什么不换一家更大的店,可以坐上30个人或40个人，那不是更赚钱吗？小野先生说："那不行。"我问："为什么不行？"他说捏寿司有两点讲究，一个是时间分配，就是客人吃的速度和我捏的速度要成正比；另一个是捏寿司的时间差，譬如规定45分钟一个套餐，18贯寿司做的时间刚好能够满足所有客人的需求。"也就是说，我只能照顾到10位客人，多一位都不行，因为大家都是冲着我来的，必须我亲自捏给大家吃。"老爷子就是如此顽固。

2014年，美国总统奥巴马访问日本，他想去小野先生的店里吃寿司。因为在这之前，美国的摄影师拍了一部小野先生和他弟子们的纪录片，轰动了美国社会。而在夏威夷出生的奥巴马，从小就喜欢吃寿司。于是在奥巴马抵达东京前一个星期，日本首相官邸给小野先生的寿司店打电话预约，被寿司店一口回绝。后来外务省又派官员登门解释沟通，小野先生才答应在不赶走预约客人的前提下，专门为奥巴马增加一餐。于是，奥巴马在安倍首相的陪同下，吃上了小野先生亲手捏的精美寿司。

当年秋天，日本天皇授予小野先生匠人模范勋章——"黄绶褒章"，表彰他坚持一生敬业于寿司制作事业，并因此传播日本的和食文化，成为国民的敬业楷模。

2019年3月,米其林总部授予小野先生为"米其林全球最高龄厨师长"的称号。

小野先生是日本匠人的一个代表,虽然只有小学学历,但是一生只做一件事,兢兢业业、精益求精,不求大富大贵,只求客人满意,以最精湛的技艺奉献社会,传承后代,铸就了现代日本"寿司之神"的崇高地位。而这个"行行出状元"的故事,也印证了日本社会的一个最基本的励志理念:不要在意自己的学历,也不要在意自己的出身,你只要用心去做一件事,总有一天,你会登上富士山顶。

这也是日本社会在进入信息化时代之后,依然会有那么多人去热衷于成为一名匠人的根本原因,因为在日本社会,匠人是一个令人尊敬的职业。

从刚才讲述的"寿司之神"小野二郎一生的故事中,我们就可以看到,除了坚持,心态也是决定一个人能否成为"匠人"的根本要素之一。胜不骄,败不馁。悲喜荣辱融于平静之中,只有拥有不浮躁、不渴望暴富的心态,才能成就一生的事业。

17 | 日本人到底如何做企业

日本"百年企业共同基因"有三个：

第一，只做本业以及与本业相关的事业，不搞盲目扩张，不跟风，不瞧别人的锅；

第二，备战备荒，存足钱粮，不轻易借钱，不随便融资，有多少钱办多少事，以自有资金为主，滚动发展；

第三，不以上市为追求，以传承发展为第一要务，牢牢把控企业的经营权。

日本是全世界长寿企业最多的国家。日本百年以上的企业到底有多少家？网上有各种各样的数字，有人说2万多家，有人说3万多家。日本最大的商业调查公司帝国数据库的数据显示，到2019年8月为止，日本百年以上企业是34944家，其中千年以上的企业有7家。这是一个十分准确的数据。

为什么日本会有这么多拥有百年以上历史的企

业？归纳起来，根本的因素，也就是"百年企业共同基因"有三个。

第一，只做本业以及与本业相关的事业，不搞盲目扩张，不跟风，不瞧别人的锅；

第二，备战备荒，存足钱粮，不轻易借钱，不随便融资，有多少钱办多少事，以自有资金为主，滚动发展；

第三，不以上市为追求，以传承发展为第一要务，牢牢把控企业的经营权。

这三个基因，源自匠人精神，也成就了一代又一代伟大的匠人。

我来给大家介绍一下，日本历史最悠久的两家企业。

一家是"金刚组"，另一家是"庆云馆"。

金刚组不仅是日本，也是世界上历史最悠久的企业，它创建于公元578年。那一年，中国处在南北朝时期，我查了历史资料，这一年的5月，年仅35岁的周武帝在云阳去世，北周改年号为宣政。

公元578年，日本是敏达天皇六年。当时的日本最高统治者是圣德太子，这是日本历史上第一位伟大的政治家与思想家，他后来派遣隋使到中国学习中国的政治制度，制定了日本历史上第一部宪法——

《十七条宪法》。

圣德太子从朝鲜百济聘请匠人柳重光,兴建四天王寺,这是金刚家族开始佛教寺院营造与维修的开始。自此,金刚家族的发展与日本的经济兴衰、政权更迭紧紧地联系在了一起。

在圣德太子的支持下,公元607年,金刚家族又开始营造法隆寺,这座寺庙被认为是日本古代木造建筑的最高峰。

法隆寺与四天王寺是代表日本建筑的两大历史遗产,它们的构筑施工方法至今还存活于金刚组的《施工方法汇编》里。

从创立到今天,金刚组已经有1441年的历史,金刚组的"堂主"也已经传承了40代,并还在继续传承中。

紧跟金刚组成为日本历史上第二悠久的千年企业,是一家温泉旅馆——庆云馆,位于富士山脚下的山梨县。这家温泉旅馆创立于公元705年,这一年,中国历史上发生了一件重大的事件——武则天去世,她的儿子李显执政,即唐中宗。而日本则属于飞鸟时代。

这家温泉旅馆的创始人叫藤原真人,开馆至今1300多年,接待过日本历史上不少名人,其中江户时代的大将军德川家康就是常客。目前，旅馆里还珍藏着16世纪中叶武田家重臣穴山梅雪赠送的"铜罗"。

传承到现在，庆云馆的主人已经是第52代传人。历经战乱、地震、世界经济危机、泡沫经济崩溃冲击，这家旅馆依然千年不倒。2011年，该旅馆荣获吉尼斯世界纪录认证，获得"全球最古老温泉住宿"的荣誉。

为什么这些企业能够传承这么多年？

除了我上面提到的三点之外，还有两个特别的传承要素。

第一，它是家族经营，而且经营者没有断代，这是根本。

爷爷传给儿子、儿子传给孙子、孙子传给曾孙子，家族里生不出男丁，那么就招上门女婿。日本的上门女婿跟我们中国不一样，中国的上门只是"挪位"，住到女方家里去而已。而日本的"上门"，是要改姓。譬如说，原来叫木村太郎，成为上门女婿后，夫人家姓田中，你就得改称田中太郎，成为"田中家"的一员，与原来的"木村家"就没有了继承关系，变成了一位"嫁出去的男人"。

正因为有这么一个传统，所以千百年来，日本3

万多家企业历经沧海桑田，基本上没有中断过经营，并延续至今。

第二，整个日本社会没有浓郁的"革命思想"。

用我们中国人的眼睛来看日本历史，感到最不可思议的事情是日本人从来没有想过："我把天皇打倒，我来当天皇。"即使有那么几位将军掌控全国军政大权近千年，也没有人想过要篡夺皇位，自己当皇帝。哪怕是发生军阀混战，各路将军们还是把天皇高高地供奉在那里，不动其一根毫毛，即使作为傀儡，也不赶尽杀绝。

所以，日本创造了世界上仅有的一个历史，那就是：自从公元前660年，第一代神武天皇即位创立大和国，就这一家人当天皇，代代相传，传到现在的德仁天皇，已经传了126代，叫"万世一系"。日本天皇制成了世界历史上最长的君主制度，也就是说，日本自古至今2685年间，只有"换代"，没有"改朝"。

而在中国，一直是把改朝换代，也就是"革命"，看作是推动社会进步的一大动力。而且中国历朝革命，还具有彻底性，就是在推翻前朝时，否定其文化、否定其业绩，甚至要把皇家子弟斩草除根。

正因为日本没有革命思想，所以，它能够保证私有财产不被掠夺不被侵犯，不用担心家业遭到没收，能够安心发展，潜心于自己的事业，并从长计议，代代相传。

任何国家的宪法中，估计都有这么一条："保护国民的私有财产。"但是，是不是真的在保护？是绝对保护还是相对保护？各国都有自己的解读和套路，但是在日本，那是绝对的。

20世纪70年代，日本政府在千叶县成田市要建设一座大型的国际机场，虽然机场的选地是一片靠海的半丘陵地带，但是因为日本的土地多数为私人所有，因此征地过程中遇到了很大的麻烦。

当地农民大多生活贫困，有不少人参加过第二次世界大战。战后他们响应政府号召到成田市的三里冢、芝山地区垦荒，好不容易把山地整成了良田，大家都有了安居乐业的生活，政府修建机场强征土地，让他们感到个人的尊严被侵犯，国家在随意剥夺他们的生存权利，因此他们结成反对同盟进行抵抗。

1971年，反对者写给佐藤荣作首相一封信，这封信的题目是《白骨的怨恨》。信中说："如果你能够让我信服，如果能让我感到服气，就是不要补偿，我也会高高兴兴地把自己的土地财产拱手相让。"

政府努力了10年，终于说服了绝大多数的农民。1978年，成田国际机场建成使用。但是，直到今天，还有一户农民的20多平方米的土地始终不肯放弃，使得成田国际机场的第二条跑道只有2300米长，不能起降波音747等大型客机。

这户农民的顽固坚持，据说理由是两个：第一，为了守护住祖宗传下来的最后一块土地；第二，防止机场变成24小时机场，影响附近居民的生活。

我们习惯把这类人称为"钉子户"。成田国际机场的"钉子户"事件，从国家发展的角度上来讲，是缺乏大局观念，以个人之利妨碍了日本最大机场的建设与发展。但是，这户农民40多年来的坚持，尤其是政府绝对尊重宪法尊重国民的私有财产的行为，也让许许多多拥有家族财产与事业的人们感到一份安心，因为在这样的法治社会里做事蓄财，不用担心私人财产会遭到侵害，自然也很容易培养出一种匠心精神，慢慢做事，精益求精，甚至这一代完不成的事情，可以交给下一代继续完成，从而可以排除一些浮躁，多一份精心，多一份敬业。

一个社会的发展，看似没有日行千里的奋进，但是一代一代的传承，一代一代的技术积累，使得日本这个国家在经历了无数次的重创之后，依然能够保持强大的发展后劲。匠心与匠人，是这个国家不灭的财富。

日本匠心精神在传承与发扬过程中，整个社会的去浮躁、去虚夸、求真求实，是保证这种匠心精神发扬光大的重要环境基础。

今天在座的都是企业家，你们是如何评价一家企业是属于可信的"优质股"，还是属于不可信的"垃圾股"的呢？

我想大家的评判标准一定是这三点：第一，企业的资本金，以认定其实力；第二，企业的营业额，以认定其事业规模；第三，企业的利润额，以认定其经营能力。

我想这三点，在中国市场环境中，是一个很合理的评判要素，也是国际通用的标准。

但是，日本社会是如何评判一家企业的好坏呢？

日本与别的国家有些不一样。

首先，日本社会与金融界很少以资本金多少来评判一家企业的实力。日本企业的资本金多少，虽然在一定程度上也反映了公司的实力，但是，并不是评判实力的唯一要素。因为一家公司除了资本实力之外，还有它的技术实力。而技术实力，恰恰是日本匠人们拥有的最大资本。

日本企业的资本金多少，首先是与法人税挂钩的，也就是说，资本金越大，法人税越高。譬如，一家株式会社（有限公司）的资本金只有1500万日元，那么它一年需要支付的法人税，固定是24万日元。但是如果把资本金提高到1亿日元，那么它的法人税就变成了23%。正因为有这么一个重要的关联，许多中小企业就是死扛最低的资本金额不增不变，以避免多交法人税。

所以，日本企业之间做生意，很少会在意对方公司资本金的多少。像拥有1441年历史的世界最古老企业金刚组，目前它的资本金只有3亿日元（约1980万元人民币），而世界最古老的千年温泉旅馆庆云馆，它的资本金还停留在1000万日元（约60万元人民币）。

既然日本企业做生意，不很在意对方的资本金，那在意对方什么呢？其实最在意的是对方与什么样的企业在做生意。

日本企业的介绍资料中，往往会有一项内容，叫作"贸易伙伴"，就是它与哪些大企业在做生意。

"贸易伙伴"不是自己可以信口开河，随便指定的，而是有一个重要的身份认定，这个身份认定，就是企业内部的"支付代码"。

像我们亚洲通讯社这样的机构，规模小，没有法务部，所以只要觉得对方靠谱，生意就做了。但是，日本的大企业绝对不会这样马虎，它首先要对你的背景进行调查，这个背景调查工作，就是由公司的法务部来实施的。而法务部几乎都是律师，也包括从检察院退下来的资深检察官。他们除了做企业调查之外，还有一项更重要的工作，就是审核公司的每一份合同。

举个例子，我们亚洲通讯社要跟索尼公司做生意，做生意就会有支付过程。我们一般的理解是，我跟你合作，虽然我的庙小，你的寺大，生意上应该是平等的。但是事实上，在生意场上，生意是不平等的。为什么？因为所有的日本大公司都会有一个评判机制——你是否有资格与我做生意？

刚开始时，我也不了解这一机制。10多年前，索尼公司总部订阅了我们亚洲通讯社发行的日文报纸《中国经济新闻》，为了支付这1万日元的订阅费，索尼公司的法务部发来了一叠表格让我们填写，我当时觉得挺啰唆的，不就1万日元吗？但是，我们财务负责人跟我解释说，社长，这可是大事，这意味着，索尼公司已经将我们列入了"贸易伙伴"的考察范围。

半个月之后，索尼公司财务部给我们寄来一份通知，上面写着索尼公司内部的"亚洲通讯社支付代码"，并告诉我们，依据这一代码，索尼公司将在一周之后向亚洲通讯社支付1万日元。

这说明什么呢？说明日本大公司在不认定你是它的"贸易伙伴"之前，是不会支付给你一分钱的。而为了能够支付给你钱，就必须对你公司的背景进行调查，调查结果如果确认没有风险，那么，才会给你建立一个"支付代码"，有了这个支付代码，才可以给你汇钱。而这个"支付代码"就成了我们亚洲通讯社与索尼公司属于"贸易伙伴"关系的证明。也就是说，有了这个"支付代码"，你才有资格对别人说："我们与索尼公司有生意往来。"

而这一个流水作业的过程是这样的：索尼公司某一部门要订阅一份《中国经济新闻》，它向财务部提出，而财务部通知法务部对亚洲通讯社进行调查，调查后发现没有什么问题，那么它就通知财务部可以将亚洲通讯社纳入索尼公司的贸易伙伴名单中。于是，财务部开始为亚洲通讯社建立一个"支付代码"准备汇款。

那么，日本大企业的法务部门对于一家新的贸易伙伴要进行哪些背景调查呢？一般来说，要调查这家公司的以下资料：

第一，有没有黑社会组织背景，或与黑社会组织有瓜葛。因为日本法律规定，企业是禁止与黑社会组织以及相关企业做生意的。

第二,企业的经营与负债情况。

第三,企业经营者尤其是股东老板有没有犯罪记录,个人金融诚信度如何?

第四,企业有没有不良官司缠身?

这些调查内容通过后,大公司才可能跟你做生意。

所以,在日本社会,要评判一家企业是不是优良企业,银行可不可以对其放贷,最直接的信用背书,就是看这家企业与多少家大公司在做生意。管控如此严格的大公司都在与它做生意的话,那么,还有什么不可以放心的呢?

因此,在日本,做企业,首先要做人。老板自己乱七八糟,那么,这家企业也就不会有很强劲的生命力,因为大企业绝对不会跟你做生意。尤其是老板如果有犯罪记录,有前科,你还认定他的企业是你的贸易伙伴,那么有一天,媒体捅个娄子,说某某企业老板因为什么罪,被判刑 N 年出狱,现在在与某某大企业做生意。这样的话,这家大企业就不得不割断与其的贸易关系。日本社会对于犯罪,几乎是零容忍。

除了老板是一位好老板之外,企业也必须诚信经营。如果企业本身的经营也是乱七八糟,那么,大企业也不会跟你做生意。

所以，真诚做人，诚信经营，是日本社会逼迫企业家们必须履行的商业道德。而之所以日本有3.5万家百年以上企业，就是因为有如此严谨的社会游戏规则，同时大家都努力去遵循这一规则，才使得日本成为全世界百年以上企业最多的国家。

这种社会环境也使得日本的匠人们坚信：我只要努力于自己的事业，做老实人，办老实事，真诚待人，虔诚待事，就一定会获得社会的认可，也一定会得到相应的回报！

18 | 日本人如何传承与守护家业

"家"是个什么概念？在日本的心中，那是一代一代人的精神家园。因为兄长继承了家业、继承了祖祖辈辈传下来的土地，你不管走到哪里，无论是在天涯海角，心中永远有一个"家"的归宿。因为祖传的土地在，祖传的房子在，祖传的果树依然在开花结果，自己儿时的记忆都留在这个家里。

前不久，我去秋田县汤泽市做了一次讲演，讲中国经济。讲演完之后，市长斋藤先生特地举行了一场欢迎晚宴。宴会结束时已经是夜里9点多，市政府安排我去一处温泉旅馆入住，说那是汤泽市最有味道的一处温泉，叫"多郎兵卫旅馆"。

汽车在山坳里转悠，转悠了半个多小时，结果到那家温泉旅馆时，已经是深夜10点多。我想这家旅馆应该是在深山冷岙中，因为我听到了溪水"哗哗"

流的声音。

旅馆里还亮着灯,店主在等着我。那是一个小老头,头发花白,戴着高度的近视眼镜。见了我很是热情,说一直期盼着我的到来。

送我的人走了后,他一手帮我提包,引领我到了二楼的客房。整个旅馆静悄悄的,不知是因为客人都睡了,还是因为客人不多,反正当我走在走廊上,没有听到任何的动静,似乎这一个小楼里,就我一位住客。

店主与我告别时,特意关照我:温泉在一楼,24小时都可以入浴。

退去内衣,换上木屐,拿了一块浴巾到了一楼的转角处,听到潺潺的流水声,那边是温泉。

温泉分成男浴和女浴,走进男浴,果然只有我一个人。除了流水声,整个温泉的时空中只留下我的呼吸声。

温泉用黑色的石块铺就,很有高级感。加上柔和的灯光,演绎出一份绝妙的时尚柔情。

也许因为太惬意,早上居然睡过了头。打开窗户,发现庭院里盖上了一层薄薄的雪花,原来凌晨下雪了。

本来就在山间,一场冬雪让空气更为清新,甚至有一种甜丝丝的感觉。

女主人已经在一楼的餐厅里给我准备了丰盛的早餐。说是餐厅，其实就是榻榻米的房间。早餐几乎都是野菜做成的各种料理，还有一块红鲑鱼，很有特色。女主人说，野菜都是附近山上采的，很新鲜。一吃，果然鲜味十足。

女主人一直跪在边上，时刻准备着为我添饭。我感到很别扭，因为女主人够得上我母亲的年龄，怎么说也用不着如此的恭敬。但是，女主人说，因为你是客人。

于是没话找话地与女主人唠嗑。女主人告诉我，自己是这座温泉旅馆的第12代女将（女老板），温泉是江户时代建造起来的。规模不大，只能接待30多位客人，但是泉水很好，所以全国各地的温泉爱好家们都会摸到这里来住上一个晚上。"如果你早半个月来的话，这附近漫山遍野都是美丽的枫叶。"

吃完早饭，市政府来接我的人已经等在旅馆的茶坊中。茶坊中还坐着一位老太太，估计已经有80多岁。女主人说，她是这座旅馆的第11代女将，是自己的婆婆。老太太很和善地起身问候，我忙劝她坐下。老太太知道我是中国人，说自己的家人过去曾经到中国东北去垦过荒，还在那里酿酒，后来，是中国的老乡收留了她的家人。

我和这家旅馆的主人突然有了一见如故的感觉，也许因为她们内心感激着中国。

等我的店主，是这家旅馆的当家，名字叫伊藤多郎兵卫，名片上写着"第12代当主"。

与伊藤先生的话题，就从这座旅馆的历史开始聊起。

伊藤先生说，这座温泉旅馆是自己的祖先创建的，代代相传，迄今已延续了近300年。"经济不景气，挣不了多少钱，有时还亏。"伊藤先生说。既然经营这么艰难，为什么还要坚持呢？伊藤先生回答我："继承家业，是日本人的传统，也是一种荣耀，因为证明自己的家族是一个了不起的家族。对于日本人来说，荣誉比金钱重要，守住家业比生命重要。"

听了伊藤先生的话，我肃然起敬。不仅仅因为他替祖先守住了这一份家业，更因为他对于继承家业的美学予以了淋漓尽致的诠释。

伊藤先生把他的儿子介绍给我。一位年近40的男子，态度极其的谦恭。他现在还是一位政府公务员，但是命运注定他一定要成为这家旅馆的第13代当主。他说他已经在修业，下班后回家就开始帮忙。一旦父亲决定要把家业传给他的时候，他就会辞去公务员的职务。

妻子是一位极为漂亮的秋田美女，瓜子脸白里透红。我问她："当你决定嫁入这一家门的时候，是否知道自己将来要做什么？"她轻声一笑说："知道，我将成为第13代女将。"

一座温泉，就这样，维系着13代女人和男人的爱情与生命的故事，记录着一个家族300年兴衰的历史。

离开旅馆的时候，我对女主人说，我还会来，等到樱花盛开时，因为我有一种回家的感觉。伊藤先生说："最好能请一些中国的客人来。"

还有一个故事，是发生在九州地区的大分县。

弘藏岳久先生是九重高原一家温泉酒店的老板，酒店有50多间客房，在当地也是属于较有规模的酒店。这家酒店的名称叫"法华院别馆"，我一听这名称，怎么像座寺院？弘藏先生说，"法华院"的确是一座寺院，而且还是一座古寺。

那这座古寺在哪里呢？弘藏先生指着对面的一座高山，告诉我：在山的那一头，已经有1000多年的历史，建于中国的唐朝时代，他是这座寺院的第26代传人。在这个寺院的边上，还有一个千年的温泉旅馆，是他们家经营的。

当我翻山越岭筋疲力尽地赶到法华院的时候，

老板娘笑盈盈地迎接我。而我做的第一件事，就是脱下所有的衣服立即跑到温泉里去泡澡，这个温泉也有1000年的历史，虽然规模不大，但是，温泉水是从地下直接喷出来的源泉，43度，刚好。

泡完温泉，我开始去寻找这座千年的古寺。弘藏先生把我带到一个小山坡上，告诉我这座寺院就在我的脚下。100多年前，它遭遇一场大火，烧没了，只剩下这么一个遗址。山坡上有许多的巨石和大树，可以看得出，当年这座寺院很有规模。从1000年前开始，许多人就是冲着这座深山古寺，翻山越岭来到这里修行。

我问弘藏先生，你为何不把这座寺院重新修建起来？他告诉我，这个区域现在已经是国家公园，要重新建造的话，需要获得国家环境部的批准，手续十分麻烦。同时，建造寺院的材料要从山外搬运进来，也是一项很浩大的工程，需要很大一笔资金。我说，如果你肯下决心重建，我帮你一起去中国化缘。

寺院是没有了，但是在寺院边上的温泉旅馆一侧，弘藏先生建了一个小房间，里面供奉了寺院当年留存下来的一尊11面观音木雕像。

温泉旅馆的正式名称叫法华院温泉山庄，主要是给登山者们住宿和休息之用，条件没有给游客们入住的温泉旅馆那么好。老板娘说，旅馆有很多的榻榻米大房间，在春天的时候，学生们组织春游来到这里，最多时候要接纳300多人。

这九重连山，正因为有这么一个栖身之处，使得登山者们有了一个攀越的目标，有了一个过夜休憩的大本营。

10月上旬，枫叶还没红，所以刚好是一个旅游的淡季，整个温泉旅馆也就十几个客人。晚上我和弘藏先生、老板娘一起喝酒聊天，从中国佛教的传入说到中日两国文化的比较，最后聊到了他俩的爱情故事。老板娘名叫美代子，是一个很漂亮的女人，尤其是皮肤特别的白净细嫩，看上去只有30多岁，一问年龄，才知道已经46岁了，她开玩笑说全是每天泡温泉的功劳。

我很好奇，这么漂亮的一位女人为什么会嫁到这么一座深山老林里来守护一个温泉旅馆呢？美代子笑着告诉我，她说自己年轻的时候是学美术的，是美术大学雕塑系的学生，所以特别喜欢高山的色彩。有一年放春假，到九重连山登山，看到满山坡的杜鹃花，一激动，就在法华院里留下来打临时工，因此遇到了弘藏先生。弘藏先生比她大7岁，我问她为什么会喜欢上弘藏先生，她说他身体特别的强壮，而且性格也十分的随和,是一个很有男子气概的男人。

我问弘藏先生那时是干什么的。他告诉我,他是日本体育大学毕业的,当时是打橄榄球的。美代子在大学毕业的第二天,就嫁给了弘藏先生,两人就在这个深山老林里继承了祖辈传下来的这份家业,默默地经营了这家温泉旅馆已经几十年。

我很难想象,两位大学毕业生怎么愿意忍耐着寂寞,在这个山坳里守护着这份祖传的家业呢?弘藏先生说,他是长子,继承家业是出生时就定下来的事情,所以作为长子,必须从小要有这么一个觉悟,而作为妻子,一旦嫁入这样的家庭,也就要做好一辈子与丈夫一起守护家业的心理准备。弘藏夫妇生了一个儿子和两个女儿,儿子是硕士研究生毕业,目前在京都的一家大公司工作。他说,等他老了,儿子也一定会来继承这份家业,他说儿子自己也有这个觉悟。

"觉悟"这两个字原本就是一个佛教用语,从弘藏先生的口中说出来,我觉得这个"觉悟"的含义非常的重,那就是要远离繁华的都市,奉献自己的一生来守护祖传的家业。

其实,日本传承家业,还有一个很好的传统机制,那就是：兄弟姐妹不分家产，家业全由大哥继承。

日本的法律明确规定，父母的遗产由子女共同继承。也就是说，不管你是否已经出嫁，还是在国外生活，父母的财产，每一位子女都拥有继承权，都可以平均分配获得。

我在大分县九重町遇到当地的一位企业家，名叫高桥裕次郎。高桥先生在当地经营着九州地区最大的一家滑雪场，同时也是整个九重高原自然保护会的会长。他说，政府的这一法律在大城市里也许有效，但是在日本的地方城市，尤其是在农村，基本上是无法实施的。

那么，日本的农村是如何处理父母的财产的呢？高桥先生首先跟我讲了一个道理。日本土地实行的是私有制，受到宪法和法律的绝对保护，没有人敢侵犯土地的私有权，包括政府。因此，对于一个家族来说，如何传承自己祖传的土地和财产是头等大事。也就是说，保护和传承这些土地和家业的历史重任，要远远超过土地本身的价值。

因此，当父母年老或者过世后，作为子女，首先考虑的不是我可以分得多少财产，而是谁来继承家业，传承这一片代代相传的土地。

高桥先生陪我在九重高原走的时候，我问过他一个问题："你们家的土地有多少？"他"嗯——"了好长时间，说不出一个数字，最后指着对面的山，告诉我："从那个大岩石开始，到这一片杜鹃花山坡，都是我们家的。"我估算了一下，那一片山，估计有6平方千米。我说你可是大地主啊！他笑了笑，说："都是祖上传下来的土地，其实要维护它，挺花精力。"

高桥有4个兄弟姐妹，他的上面有一个哥哥和姐姐，下面是一个妹妹，他排行老三。当初父母年老而无力再种地的时候，家里开了一个家族会议，把家里的所有财产摊开来，总共有大半座山，还有6万平方米大约是90亩的稻田。

这个家族会议的结果，是四个兄弟姐妹中，三个都表示愿意放弃财产的继承权，把所有的财产都交给哥哥，由他一人继承。但是，他和嫂子必须承担照顾父母和爷爷奶奶的责任。

高桥说，日本自古以来就是长兄具有继承家业和守护家业的责任。一旦长兄继承了家业，那么，他就成了家族中的"本家"，而其他的兄弟，则成为"分家"，这个"分家"是"分支"的意思。以后的家业，也由本家的子孙代代相传，除非本家出现没有子孙的情况，才可以与"分家"们进行商量，由"分家"，也就是弟弟妹妹们这一家系的人推举出新的继承人，来继承家业。

所以，日本的许多家业为何能够传承几百年、甚至上千年，这种特殊的家业与财产的传承文化起到了极为关键的作用。

那么，如果把祖传的土地财产瓜分了，会出现怎样的结果？高桥先生给我举了一个例子。譬如像他们家，四个兄弟姐妹把父母的土地按照四分之一的比例平均瓜分之后，每人确实可以得到一笔财产。但是，像他本人忙于经营企业，不可能会去种地，这样一来的话，就会考虑把土地卖掉换取现金。如果四个兄弟姐妹都这么想的话，祖传的家业在一瞬间就会消失殆尽。虽然大家都得到了现钱，获得了利益，但是祖祖辈辈流传下来的家业和财产全部葬送在他们这一代人手中，他们将成为家族的罪人。因此，把所有的家业交给一个人打理是最好的办法。这种财产分配方法，与法律无关，与家族的传承有关。

高桥的哥哥和妻子，加上儿子夫妇，一家四口就每天默默地忙乎这90亩的稻田。去年，因为修建高速公路服务区，高桥家的稻田被征用了一部分，获得了政府的2亿日元的补偿金，2亿日元相当于1200万元人民币。他的哥哥提出来，这笔赔偿金是变卖了祖传的土地，要不兄弟姐妹四个人平分，一人可以分得大约300万元人民币的钱款。高桥和姐姐与妹妹商量后，认为把祖传的土地卖了然后分钱，这就意味着祖传的土地面积已经大大缩水。维护家族原有的财产，比什么都重要。因此四个兄弟姐妹又凑在一起开了一个家族会议，最后决定用这2亿日元的赔偿金去购买新的土地，一分钱都不分。

为什么高桥一家把土地看得这么重？高桥先生给我做了这样的解释。

他说，"家"是个什么概念？在日本人的心中，那是一代一代人的精神家园。因为兄长继承了家业、继承了祖祖辈辈传下来的土地，不管你走到哪里，心中永远有一个"家"的归宿。因为祖传的土地在，祖传的房子在，祖传的果树依然在开花结果，自己儿时的记忆都留在这个家里。

尤其到了8月份扫墓的时节，或者是新年的时候，子孙们都会从四面八方回到故乡，回到兄长兄嫂的身边，在老房子里欢聚一堂喝酒叙旧。

高桥说，最开心的，是可以在老房子里睡在自己以前的房间里，可以寻找儿时刻在家里柱子上的身高的划痕，然后一起去家族墓地给父母亲和祖宗烧香祭奠，兄弟姐妹又像回到童年时那种两小无猜的纯真时代。

因为有家，有兄长继承家业，因此，兄弟姐妹很少会因为父母的遗产问题而闹出意见。相反地，大家会感恩兄长，感恩他辛劳操持家业。而对于弟妹们来说，不管是生活在东京，还是在当地，最开心的事是哥哥会不断地把自己家土地上种出来的蔬菜、稻米委托送货公司送到弟妹的家里，让大家品尝自己家的果实。

日文中，有一个汉字，叫"绊"，日语中念作"きずな"，翻译成现代中文的话，可以翻译成"情结"两个字。日本人常常喜欢说：家里遇到什么事，全家人都齐心协力一起顶过去，是因为有"家族的绊"，也就是说，是因为有家族的这一特殊的血缘关系维系着的特殊的情结让大家团结一心。

日本社会有一个奇怪的现象，那就是无论是学校，还是媒体，都没有爱国主义教育。问及原因，高桥回答得很简单，而且不带任何的政治色彩。他说，日本人很喜欢用"国家"的"国"来问别人的家乡在哪里？也就是问"你的国在哪里？"这一问法看起来很奇怪，但是，日本人已经习以为常，因为日本以前都是一个个众多的诸侯国组成的。所以，对于许多日本人来说，爱国，首先就是一个爱家乡的概念。而家乡之所以成为"家乡"，是因为在那里，你的家人还在、你的家还在、祖祖辈辈留下来的东西还在，不管人在何处，根依然留在那里，你的心里，永远有这么一个归宿。

我觉得高桥先生说得很有道理，如果我们的家都没有了，那还有什么家乡的概念呢？所以，日本人的这种传承家业不瓜分祖传遗产的做法，是一种维系家族兴旺，让家族代代相传的最好的做法。而这种做法，不仅维护了家族的稳定，同时也维护了社会的稳定，最终也维护了国家的稳定。

学习 | 推陈出新

19 | 中国企业走出去必须注意的三个问题

我们有时候嘲笑日本企业做事像蜗牛,去海外投资,先派一个人去搞一个事务所,慢慢摸情况。等情况摸熟了,再设立现地法人公司,做成功一家,再复制一家。我们中国人会说,日本企业这么做,等你把市场铺开了,黄花菜都凉了。事实也许如此,但是,它至少不会让钱打水漂。赌博的成功比例,一般只有1%,你不能拿1%赌赢的企业作为抢占商机成功的案例来供大家学习,你必须拿99%的失败企业,来告诉大家为何失败的道理。只有这样,走向海外,才会成功。

前几天,我给日本经济团体讲课,讲中国的"一带一路"。话题自然绕不过中美贸易战和华为问题,日本人真的是把中美贸易战当成了自己的事,因为日本经济研究机构预测,这场贸易战将会把日本的

GDP 拉低 0.2 个百分点。

所以，在讲演结束后，大家议论纷纷，提了不少问题，有的还提出了应对美国打压的途径与策略。听了之后，深感"中日人民一条心"。

听完大家的提问与建议，我回到办公室，认真思考了这么一个问题：中国企业走出去，为何这么难？我们的问题到底出在哪里？

第一，企业没有护航舰队。

如果要推中国最优秀的民营企业，毫无疑问，华为当之无愧！

但是，华为之所以遭遇美国围剿，一个很大的原因，是因为华为一直以来是单兵作战，它没有护航舰队。

最鲜明的例子，就是华为在遭到美国政府打压时，没有中国企业出来为它站队，也没有中国企业为它疏通关系降压减负。最后是中国的外交部直接成了华为的"后台"，为华为这家民营企业公开喊话撑腰。

政府的这一撑腰行为，自然很容易被美国政府和一些海外舆论批评为"华为果然有中国政府背景"。

日本在 20 世纪 70 年代与美国发生贸易战的时候，许多企业也遭到过美国政府的打压。但是，最终日本企业渡过难关，并在 20 世纪 70 年代后期开始进入了经济高速发展时期。这里面,除了日本政府的谋划之外,财团的力量在其中发挥了很重要的作用。

第二次世界大战前,日本众多企业归属于住友、三井、三菱、安田四大财团。这些财团控制着日本经济的命脉,也极大地影响着世界经济。

以三井财团为例,这个财团创立于1673年,距今已有340多年的历史。这个财团拥有三井银行(现为三井住友银行)、三井信托、三井生命、三井住友海上火灾保险等金融机构(掌控钱财),也拥有三井物产、三越伊势丹百货公司等国际商贸机构,还拥有丰田汽车、三井造船、石川岛播磨重工、东芝、富士胶卷、东丽、三井化学、三井石油、日本制钢、三井金属等世界500强制造企业。除此之外,还有商船三井、三井仓库等物流公司和三井不动产、三井住友建设、东洋工程等地产与建设企业。

这么一个巨无霸财团,哪一家成员企业遭到不测,整个财团的成员都会从各个领域予以驰援、给予掩护。虽然日本的财团在战后遭到美国的强行解体,但是,直到今天,旧财团的成员企业社长们依然每月聚会,互通信息,互相支援,有钱出钱,有力出力。

但是,华为没有这样的护航舰队,没有援军,背后只有伟大的祖国。但是祖国再伟大,在民营企业的国际贸易问题上如果伸手相援太多,就很容易引起其他国家的警惕与攻击。

所以,中国企业走出去,应该考虑组织联合体(最好也能够组建财团)。这种联合体虽然不是血肉相连的财团,但是当你遭到外国政府打压时,至少还有敲锣打鼓的伙伴。

第二,政府没有海外服务团队。

日本有一个很特殊的政府服务机构——日本贸易振兴机构(JETRO)。这个机构隶属于经济产业省(类似于商务部)直接管理,主要的任务就是帮助日本企业去海外投资,拓展海外市场。也就是说,它其实是日本企业走出去的政府服务团。

2015年,我去肯尼亚采访,拜会了日本贸易振兴机构驻内罗毕代表部。虽然这个代表部名叫"内罗毕代表部",但是服务对象是在全肯尼亚的所有日本企业,不管是大企业还是小企业,不管是纯民营企业还是有政府关系的企业。

这个代表部有四大功能:

第一,把日本企业组织起来,组建"日本商工会",这个商工会等于是日本企业在当地的联谊会。这个组织的诞生,既增强了日本企业的凝聚力,又强化了政府对在外日本企业的管理与指导。

第二，向肯尼亚政府反映日本企业的诉求，与肯尼亚政府进行政策沟通，谋求日本企业在肯尼亚的最大利益化。

第三，收集和分析肯尼亚和东非地区的经济与商贸等各种信息，反馈给日本政府和日本企业。

第四，为日本企业在肯尼亚投资办厂、开展贸易、寻找合作伙伴提供各种信息与业务指导，包括各种预警。

对于这样的代表部，日本贸易振兴机构在海外共有74个，其中在中国就有8个（北京、上海、青岛、广州、大连、武汉、成都、香港）。

日本贸易振兴机构驻外代表部与驻外大使馆的商务处是既平行又交叉的两条线，商务处是外交机构，面对的是所在国的政府；而日本贸易振兴机构驻外代表部是政府投资服务机构，服务的是在海外投资的日本企业，民间色彩较浓。正因为有这样"一官一民、官民结合"的"走出去"支援体制，使得日本政府不仅约束了日本企业之间在海外的无序竞争，同时也最大限度地保护日本企业，把日本企业的不满与诉求及时地向所在国政府反映，寻求最大利益化的解决。

中国这么多国有企业和民营企业走出去，走得那么艰辛，但没有政府的服务团跟进，任凭各企业在海外自打游击，不少企业因此成为被海外政府和海外企业各个击破的"散兵游勇"。

显然，中国也需要有这样的政府服务机构，在海外照应中国企业。有了这样的服务团，中国企业在海外一定能够走得更好、走得更顺。

除了以上两点之外，还有很重要的一点是，中国人用中国式思维打开海外市场。

这话说起来有点长，我举一个共享单车在日本全灭的例子。

前几年，中国社会掀起了一股"共享单车热"，中国企业也把眼睛瞄准了日本市场。2017年6月，以"全球智能共享单车首创者"自称的摩拜单车，宣布进军日本，首先在九州地区的福冈市登陆。日本是继新加坡、英国之后，摩拜单车的第三个海外市场。摩拜单车在福冈举行的记者会上宣布，中国有1亿人在使用摩拜单车，在日本的发展前景也相当可观，计划在当年内占领日本10个主要城市，1年内投放500万辆单车。

摩拜单车话音刚落，小米也宣布进军日本。而中国另一个共享单车品牌ofo小黄车也在同年宣布与日本软银商业服务有限公司达成合作伙伴关系，正式进入日本市场。日本也成为继中国、新加坡、英国、美国、哈萨克斯坦、泰国、马来西亚之后ofo进驻的第8个国家。

ofo小黄车亚太区负责人表示："目前ofo小黄车现已在全球连接了超过800万辆共享单车，为全球8个国家超过170座城市上亿用户提供了30亿次出行服务。进入日本市场对小黄车来说具有里程碑意义。日本有浓郁的骑车文化，我们将努力为当地居民提供更加便捷、高效的骑车体验。对于ofo小黄车来说，日本是一个非常有发展潜力的市场。"

我当时写了一篇文章，泼了一盆冷水，我说中国共享单车进军日本一定会撞墙！为什么这么说呢？因为中国的投资家是带着中国人的思维来想象日本市场。

大家知道，日本是一个很保守的国家。譬如在中国，几家投资公司老总一起喝一顿酒，想出一个新主意，过不了几天，满大街都可以让你看到他们五彩缤纷的事业。因为他们把自己的行为叫作"创新"，而创新在某种程度上是可以暂时规避法规，所以没有经过地方政府同意，也无须交管部门批准，一夜之间让他们的小黄车、小白车出现在城市的大街小巷。而在日本，虽然他们也搬出了一些很牛的公司，譬如像软银集团，也喊出了惊天动地的口号要做"共享单车"，但是一旦走出发布会场，就会发现警察叔叔已经等在门口，会问你一句话："你们想干什么？"

因为日本是一个按照条条框框办事的保守型国家，你做什么事情之前，必须先自个儿去对照法律，看看法律是否允许，然后再去问问地方政府和警察，地方法规是不是允许我占用社会公共资源？"先行先试"的创新模式，在日本会被当作"无法无天"的违规行为。

因此，无论是摩拜单车，还是ofo小黄车，都发现自己已经一头撞在日本法规的墙上。其中最关键的一条是，无论是企业还是个人的自行车，都不得占用公共道路，包括人行道。也就是说，共享单车要是随便找一个路边停放，一转眼就会被城市交通管理员开着卡车收走，你如果把它要回来，就得缴纳3000日元（约200元人民币）的罚款。如果你在东京投入1000辆，第一天就有可能被罚款20万元人民币，除非你这1000辆自行车干脆都不要了。

所以，共享单车停在哪里，可能是中国这些单车企业在日本永远难以解决的问题。

摩拜单车和ofo小黄车曾经计划与日本的7-11、全家、罗森等便利店合作，以星罗棋布的便利店作为共享单车的停放点。但是，可能这两家单车公司的决策者看到的照片，都是日本便利店在农村乡下店的照片。因为城市里的便利店基本上都是租用办公楼或者街头店面开店，出门就是马路，根本就没有停车位。只有在农村乡下，需要开车才能出行的地方，便利店旁才会有停车场。在那样的地方，如果骑自行车，估计要蹬上半个小时才能到家。

所以，在东京、大阪、京都，包括福冈和札幌这样的大城市里，要找便利店门口停车的这种想法只能放弃。

那么，日本的共享单车在哪里才能停放呢？这么多的自行车，只能自己租场地。在东京的市中心，寸地寸金，譬如在银座要租用一块100平方米的土地做停车场，一个月的租金估计需要15万元人民币，而且银座还很难找到这样的空地。如果你在东京设100个点，一个月的场租费就可以把你所有的利润全部吞没，而且还要倒贴，因为日本的土地是私有制，每一寸土地都是名花有主，不仅仅公共的人行道禁止停放自行车，就连人家的店门口长时间去停放一辆自行车也是不行的，上午停放，晚上去拿，一定会找不到影子。

如果你拿出"解决最后1千米问题"的口号，

那么你的单车必须停放在地铁轻轨车站附近。但是，如果你敢在车站附近500米的范围内停车，那么你得天天准备200元人民币交罚款。因此，东京的任何车站附近地区是禁止停放自行车的，要停的话，你就放到附近的收费停车场，一个月2500日元，大约160元人民币，还算便宜。

为什么我不看好日本的共享单车？除了会遭遇日本严格的道路交通管理的法律障碍之外，还有一点就是与日本社会的实际情况不符。

首先，日本虽然汽车很多，公共交通发达，但是本身它又是一个自行车王国，家家户户都有自行车，我也有一辆，平时去超市买菜什么的，都习惯骑自行车。所以，日本城市里的居民去超市买菜、去幼儿园接孩子、去车站坐车，都会骑自行车。在日本骑自行车不是一件难为情的事情，日本前首相村山富市、日本执政的自民党前总裁谷垣祯一，节假日经常是骑车外出买东西。因此，城市居民并不需要太多的共享单车。

其次，日本机关公务员和企业员工在上下班途中遇到事故，都可以算"工伤事故"，保险公司和企业也必须按照工伤事故的标准理赔。正因为如此，机关和企事业单位都不赞成自己的员工骑自行车上下班，而是提供交通费要求员工坐地铁轻轨上下班。因此，在日本的大城市里，公司白领对于单车的需求量很小。

再次，在日本的一些车站附近由政府经营的公共自行车停车场，本身都有自行车出租，租用一天是500日元（约32元人民币），500日元在日本是买三瓶矿泉水的价钱，价格不高。在京都，许多景区甚至在京都车站附近，都有专门的自行车出租行，租用一天是1000日元（约64元人民币）。所以，在京都这样的旅游城市，已经有很成熟的租车市场。

最后，还需要强调的一点是，由于日本道路交通法规定，日本所有的自行车在夜间必须开启车灯骑车，而中国企业目前投放在札幌市的共享单车，没有安装车灯。因此，在日本是属于不合格车辆，除非你只是白天骑车，如果你在晚上没有车灯骑车，遇到警察是一定被扣的。

日本最大的移动通信公司NTT-DOCOMO，早在2010年就开始在日本运营共享单车，2015年年初成立专门的子公司BIKESHARE公司来经营共享单车（这么看来，共享单车并非中国之发明）。这家公司如何解决停车问题的呢？他们与东京6个区政府合作，以"解决区域内市民移动问题"为宗旨，租用政府的空地经营，然后又在仙台、横滨、广岛市设点，这么多年来，设置了346个停车点，投入的自行车也只有3172辆（截至2016年年底）。那么，中国的共享单车能搞定日本各地政府吗？在一个保守和对中国企业持有一定警戒之心的日本社会里，这显然很有难度。

所以，中国共享单车进军日本，面临的这一系列问题都是有目共睹的。但是，最终，中国的投资企业认为，在中国能够办成的事，在日本也一定能够办成。

仅仅过了一年，这几家中国单车企业在日本市场是全面失败，不仅颗粒无收，而且还欠下日本自行车制造企业一屁股债。当年如此高调地进入日本市场，最后撤离时，连一条消息都不敢发。

中国共享单车在日本的全面失败，不是"水土不服"的问题，而是中国企业根本就没有做过认真的市场调查，一切想当然，认为只要抢占商机，就有成功的希望，现实并非如此。

我们有时候说日本企业做事像蜗牛，去海外投资，先派一个人去成立一家事务所，慢慢摸情况。等情况摸熟了，再设立现地法人公司，做成功一家，再复制一家。中国人会说，日本企业这么做，等你把市场铺开了,黄花菜都凉了。事实也许如此,但是,它至少不会让钱打水漂。赌博的成功比例,一般只有1%,你不能拿1%赌赢的企业作为抢占商机成功的案例来供大家学习,你必须拿99%的失败企业来告诉大家为何失败的道理。只有这样,走向海外,才会成功。

20 | 中国企业收购日本企业需要注意什么问题

一旦决定要买下日本企业后,最好的方案是,维持原有的经营体制,不解雇日本员工,中国只是在资本上控股,资金上做好保障,维持原来日本企业与品牌的声誉,这样的兼并与合作,最受日本企业欢迎,事实证明,也是最富有成效的。

最近这几年,中国企业收购日本企业的热情是越来越高,尤其是两国领导人恢复了正常的互访,加上中美贸易摩擦的发生,内外环境都促使两国关系是越走越近,自然扩大经济合作的愿望也是越来越强。

但是这几年,在中日两国企业兼并问题上出现了"中热日冷"的现象,也就是说,中国企业收购日本企业的热情很高,但是日本企业愿意出售给中国企业的热情并不高。最鲜明的一个例子是,2019年上半年,在东京举行了一次中日金融合作论坛,

2000多名与会者中，绝大多数都是中国企业代表，尤其是投资公司代表，日本企业代表只有寥寥数百人。结果，在日本举行的这次大型的中日合作论坛，中国企业唱了主角，而且还找不到日本的合作对手。

参加会议的几家投资公司的总裁来我的办公室小坐，聊起这一现象，我对他们说，这不能全怪日本企业，两国的社会文化与企业经营思维不同，这世上，并不是有钱就能搞定一切。要先谈恋爱再结婚，不能还没恋爱就想结婚。

我曾经帮一家中国企业收购日本的一家公司。这家日本公司是一家小小的汽车零配件企业，员工只有20多人，但是是一家已经有60多年历史的老厂，一直为丰田和日产汽车公司做配套产品。这家公司的老板已经70多岁，是从他的父亲手里接手了这家工厂，因为只生了两个女儿，女儿和女婿都不愿意继承这家企业，自己也干不动了，于是准备出手。老先生是我们《中国经济新闻》的读者，平时与我的联系也比较多，他说《中国经济新闻》有这么多企业读者，能否帮他做一个推荐。于是，我介绍了一家中国企业给他。

双方见面的时候还比较客气，但是交谈了半小时以后，平泽社长就悄悄地跟我说，他不喜欢这位中国企业家，我问他为什么不喜欢他。他说，这个人到我们公司来，居然是穿了一件T恤衫，说话的口气不是很认真地看着你，有时候还看天花板，还不时地瞄手机，这样的企业家太不靠谱。我宁可让公司破产，也不会卖给他。

两人之间有这么一段对话：

平泽社长：你为什么要买我的企业？

浙江董事长：我看中你的技术与品牌。

平泽社长：你买下后准备怎样经营？

浙江董事长：由于日本的劳动成本高，因此，名古屋工厂今后以研发为主，生产放到我们浙江的工厂里。

平泽社长说：你的意思说，会缩小名古屋工厂的规模，把生产都放到中国去做？这样的话，就是要裁减我的员工？

浙江董事长：我们如果买下贵公司的话，我们自然会对工厂进行各方面的调整。

平泽社长最后说，我的企业不是百货公司，你有钱就可以买到一切。我的企业已经有60多年的历史，是我和父亲两代人的心血。许多的员工也是两代人跟着我们，如果中国的企业家买下工厂后，不能厚待我的企业，不能厚待我的员工，不尊重我们的品牌，我是绝对不会卖给你们的。

中国的这位企业家对于平泽社长的态度感觉十分的不可理解。他觉得，你自己年纪大了，撑不了这家企业。我出了如此高价来收购，你还觉得不合算，我是帮你解围，你居然还不肯卖，真的难以理解。

这桩中日企业兼并案，最终没有成功。

我觉得这里面有两国文化的差异。日本人把自己的企业当成了自己的孩子，所以即使他养不活这个孩子，他也希望有一个好东家，能够接手这个孩子，把这个孩子养得比自己更好。只要新东家能够保证这一点，收购价便宜一点也无所谓。所以，第一，你要善待我的企业，能够在现有基础上进行提升、扩大，而不是将它缩小，维护好品牌和企业信誉，因为不管怎么样，它身上有我们的血脉和爱情。第二，你要保证我的所有员工继续在工厂里工作。因为日本的中小企业大多数是家族企业，往往有一种家的感觉，员工大多数是一辈子跟着经营者，所以保护员工、保护员工的家属有饭吃，是中小企业经营者的一个天命。

而中国的企业家普遍认为，我买下你的企业，这个孩子就属于我了，原来的父母不应该再出现，更不允许干涉企业的经营。我想怎么干，如何经营，是我自己的事儿，老东家不能指手画脚。

日本人不放心，中国人嫌啰唆，往往就难以在一条感情线上牵手同行，结果就是分手。

中日两国的企业兼并和技术合作喊了好几年，大家做了许多的努力，其中也出现了一些成功的收购案例。

2011年，联想集团收购了日本NEC公司的电脑产业，海尔公司收购了三洋集团的电冰箱和洗衣机产业；2017年，美的集团收购了东芝的白色家电产业，海信收购了东芝的电视机产业。这些辉煌的业绩留给我们一个强烈的印象：中国企业太牛了，把世界五百强的企业都买了下来。但是，当我们把锅子揭开，仔细看看，发现都是人家想扔弃的东西。

我在讲演中，多次讲到这些案例。

日本的NEC公司，也就是日本电气公司，成立于1899年。它是日本最早研发生产电脑的企业，在20世纪60年代，NEC公司就研发出日本第一台电脑；该公司还在1970年建造出日本第一颗人造卫星，并在1972年向全世界转播了中日邦交正常化的实况；2002年制造了当时世界上最快的超级计算机。20世纪80年代风靡中国的四通中文打印机，就是在NEC公司的技术支持下研发出来的。

但是在2011年，NEC公司突然宣布要把电脑产业抛售。中国的联想集团立即举手，并最终分两个阶段把它买了下来。作为联想集团来讲，他在前几年买下了美国的电脑巨头IBM的电脑产业，如今又把日本最大的电脑制造商买下，无意间就成了世界上最大的电脑制造商。但是过去这几年，我们回过头去看一看，日本的电脑卖不动了。

我有一个习惯，喜欢逛电器商店。东京银座边上有一座PCカメラ（必酷），是日本最大的电器量贩店之一。我经常去那里转转，去看看有什么最新的电器产品。每一次去，我都会去电脑销售楼层转一圈。5年前，这个楼层是最热闹的，但是现在，这个楼层最冷清。日本人很少购买台式电脑，对笔记本电脑也在失去热情，连平板电脑都成了游戏专用，唯一热衷的就是宽频的iPhone手机，因为你在电脑上想完成的浏览新闻、搜索资料、收发邮件、通信联络，在iPhone手机上都可以轻松完成。

所以近几年，索尼公司、松下公司、东芝公司，富士通公司，这几家生产电脑的日本企业，纷纷把电脑部门切割出去，要么关闭，要么出售，与电脑彻底告别。NEC公司比这些企业聪明，它在电脑还处于顶峰的时期就早早地把它抛了，卖了一个好价钱。

从这个意义上来讲，中国企业捡的是人家的"垃圾"。虽然这"垃圾"的含金量还是挺高，譬如联想目前在日本市场除了继续打"LENOVO"的自有品牌之外，还维持NEC的品牌，因此在其他公司都放弃电脑制造的背景下，联想两块品牌在日本市场的综合占有率已经排名第一，但是销售量早已不如以前。

"捡垃圾"的不仅仅是联想集团，还有海尔、美的和海信。对日本企业来讲，像中国、韩国甚至越南这样的国家都能生产出高端的电冰箱和洗衣机，那么已经折腾了半个世纪白色家电的日本企业，已经没有必要继续去玩这些已经过时的东西。他们的目标是去研发新的技术，开发新的产品，继续引领世界的最新科技。

但是，中国企业要在日本捡到这些"垃圾"，也不是那么容易，关键是日本企业愿不愿意让你捡。

联想集团之所以能够把NEC公司的电脑产业买下来，很大一个原因是两家公司在过去20年中有许多的技术与市场的合作。海尔为什么会买下三洋的电冰箱与洗衣机产业，因为海尔在20世纪90年代开始，就是三洋电冰箱和洗衣机的代加工工厂。海尔的白色家电之所以发展迅速，三洋的技术支持起了作用。如今，三洋这一品牌在日本市场已经销声匿迹，所以海尔电冰箱在日本的中高端市场的占有率十分低下。不仅如此，海尔目前在中国市场和海外市场也做得十分艰难。那么回过头来再看美的收购东芝的白色家电产业这件事。美的与东芝白色家电的合作已经有十几年，也算是一对老情人。但是，在日本的白色家电产业已经饱和，中国市场也是如此的背景下，美的收购东芝的白色家电产业后，只能去打开东南亚市场以及非洲市场，而要打开这两个市场，美的还需要巨大的市场投入。

从上面的事例中我们可以看到一点，联想、海尔、美的能够买下日本的电脑与白色家电，不是你捧了钱就可以轻松把人家搞定，而是在双方已经有了十几年甚至二十几年的合作、知根知底、在企业文化相互了解的基础上，才完成了结婚仪式。

长江商学院的一批总裁班的学员来日本考察，邀请我给他们讲讲日本经济。讲演结束后，几位企业家向我提了同样一个问题：徐老师，你帮我们解释一下，为什么我们跟日本企业谈生意谈合作谈并购，我们是激情满怀，而日本企业总是十分暧昧，避谈核心主题？

我说，出现这种现象的原因是多方面的。第一，对于日本企业，尤其是传统型的家族企业来讲，并不是你有钱,就可以搞定一切。像家族型企业,把孩子养了几十年甚至几百年,在转手给别人的时候,他会有两个愿望:一,你要对我的孩子好,不是把他接过去灭了,而是把他培养成人,做大做强,而不能把他糟蹋了。二,你不能改变我孩子的基因和性格。也就是说,你要保住我的品牌信誉,传承我的企业文化。而中国不少企业家认为,我并购了你的企业,我就是主人,要死要活,都是我说了算,老东家已经没有说话的资格与权利。

另外一个原因,中国的企业家们在日本企业家面前所表现出来的不是一种诚恳谦虚的态度,而是一种"我有钱"的架势,而日本企业家恰恰就十分讨厌这一点。譬如说,中国有钱的企业家就像世界富豪似的,喜欢弄一架小小的专机飞去日本谈生意,总想告诉日本企业家,我很有钱,我有实力。但是,日本企业家就讨厌这股张扬的劲儿。有没有钱,跟开不开专机毫不搭界,而跟人品搭界。所以,你以一种暴发户的心态去跟日本企业谈合作,想收购日本企业,肯定就会碰壁。许多企业宁愿倒闭,也不愿意卖给他们信不过的人。这就是日本企业文化中保守的一面。

所以,中国企业跟日本企业谈生意谈合作谈并购，千万不能像在百货公司里买东西那样，我掏钱，你给东西，一手交钱一手交货，不问客官来自何方。与日本企业打交道，必须先交朋友，建立友谊，然后从一个小领域开始合作，短的一年半载，长的几年，经过一番交往努力，双方建立了相互信任后，才可以奔主题。中日两国社会文化与企业文化的不同，导致在企业合作与并购方面需要时间需要信任。所以，中国企业家面对慢脚步的日本企业，也需要耐心，学会等待与交流。

2016年，中国企业并购日本不动产有两大案例。一是上海的豫园商城以183亿日元（约合11.8亿元人民币）的价格收购了北海道的星野度假村；二是中国安邦保险集团洽谈购买日本住宅物业资产，总价高达23亿美元。这两个大型的不动产收购案，都有一个有趣的现象，那就是：中国企业都不是直接从日本所有者的手中购买这些不动产的，而是向美国的黑石基金公司买的。为什么要从黑石基金公司转手购买呢？因为，日本所有者不相信中国企业和中国的投资公司。结果这种不相信使得中国企业在收购中，多花了不少冤枉钱。譬如北海道的星野度假村，卖给美国黑石基金公司是130亿日元，豫园商城从黑石基金公司手里买来时，多付了50亿日元（大约

3亿多元人民币）的冤枉钱。

中国有句俗话，叫"钱多人傻"，其实中国人钱多，全世界都知道，但是中国人一点不傻，只是在某些领域，还没有经验。这几年，中国政府积极鼓励企业走出去，到海外去投资去并购，由于社会文化与企业文化的不同，导致中日两国在并购过程当中会出现很大的思维差异，往往是中国企业有钱咄咄逼人，而日本企业是唯唯诺诺、谨小慎微，结果两国的企业很难达成交易共识。

所以，在中日并购中，很需要有一个既理解日本企业文化，又了解中国企业文化，而且语言又通，双方的人脉关系很齐全的中间人或者中间机构来做双方的沟通协调，只有这样，才能消除隔阂，增进友谊，促成合作。

在这方面，我们亚洲通讯社愿意为中国企业收购日本企业提供服务。我们在日本已经发行了19年的中国经济专业日文报纸《中国经济新闻》，拥有10余万的日本企业读者，我们了解中国，也了解日本，深得日本企业的信赖，同时也拥有专业的日本商法律师的合作团队，能够起到中日企业兼并的桥梁作用。

迄今为止，在日本实施了隐形收购，并做得相当成功的一起中日制造业兼并案，是"温州商人"

刘建国先生收购日本最著名的高尔夫产品生产销售商——本间高尔夫（HONMA）。

2010年，担任奔腾电器公司董事长的刘建国先生以1亿美元的价格，从基金公司手中买下了本间高尔夫51%的股权。第二年，刘先生卖掉奔腾电器之后买下了本间高尔夫全部股权。经过六年的发展，这家公司已重回全球十大高尔夫品牌之列，2018年的球杆销售额更是全球第一。2018年，本间高尔夫在中国香港成功上市，刘建国先生赚回了2个奔腾电器公司。全体持股员工也跟着发了一把。

当年，刘建国收购本间高尔夫之后提出了著名的3R战略，即保留传统、品质和人才，重新焕发企业文化和品牌，重塑活力、国际化及市场主导地位的高尔夫品牌。比如，将业务交给原有的管理团队，不另行安插中国人进入管理层；让150名员工持股3.8%；增加营销推广的投入，物色职业选手做代言人。这一战略，既消除了本间高尔夫创始人的疑虑，也赢得了基金公司的信任。

经过刘建国先生的一系列改革，负债累累的本间高尔夫重新焕发了生机。日本首相安倍晋三送给美国总统特朗普的镀金高尔夫球杆，就是本间高尔夫球杆。但是日本很少有人知道，本间高尔夫实际上已经是中资企业。

所以,我们要购买日本的企业也好,购买日本的技术也好,首先要学会与日本企业做朋友。先建立起良好的信赖关系,邀请日本企业老板到中国考察,让他们看到你的企业的实力和水平,了解中国企业家的为人与品德,知晓越来越大的中国市场,一起喝过几轮酒后,才可以慢慢地谈技术合作,谈收购兼并问题。也就是说,要先谈恋爱后谈结婚,如果单刀直入的话,那一定会吓跑日本企业家。

一旦决定要买下日本企业后,最好的方案是:维持原有的经营体制,不解雇日本员工,中国只是在资本上控股,维持原来日本企业与品牌的声誉,这样的兼并与合作,最受日本企业的欢迎。事实证明,也是最富有成效的。